엄마의
관심만큼

자라는
아이

키 쑥쑥 뼈 튼튼 또래상담실

엄마의 관심만큼 자라는 아이

초판 1쇄 발행 2008년 3월 28일
초판 2쇄 발행 2008년 4월 7일

지은이 박수성
펴낸이 김선식
편집인 장석희
PD 박은정
다산에듀 이선아, 박은정
저작권팀 이정순, 김미영
마케팅본부 유민우, 곽유찬, 이도은, 신현숙, 박고운
커뮤니케이션팀 우재오, 서선행, 한보라, 강선애, 임경원
디자인본부 강찬규, 김희림, 손지영, 이동재
경영지원팀 방영배, 허미희, 김미현, 이경진, 고지훈
외부스태프 구성작가 허영미, 교정교열 임선미, 일러스트 차승민

펴낸곳 다산북스
주소 서울시 마포구 염리동 161-7번지 한청빌딩 6층
전화 02-702-1724(기획편집) 02-703-1723(마케팅) 02-704-1724(경영지원)
팩스 02-703-2219
이메일 dasanbooks@hanmail.net
홈페이지 www.dasanbooks.com
출판등록 2005년 12월 23일 제313-2005-00277호

필름 출력 스크린그래픽센타
종이 한서지업(주)
인쇄 · 제본 영신사

ISBN 978-89-92555-83-8   03370

키 쑥쑥 뼈 튼튼 또래상담실

엄마의 관심만큼 자라는 아이

박수성 지음

다산에듀

머리말

아이의 성장문제로 고민하는 부모님들께

"우리 아이 성장하는 데는 아무 문제 없는 거죠?"

진료실에서 부모들이 가장 많이 하는 질문이다. 특히 아이를 처음 키우는 초보 엄마는 자녀가 조금만 이상해도 가슴이 철렁한다. 평소 주변에 물어볼 사람이라도 있으면 좋으련만 그렇지도 못할 때는 답답하기 짝이 없다. 그렇다고 매번 병원에 들러 의사에게 일일이 물어볼 수도 없는 노릇 아닌가. 매일 접하는 TV와 신문, 인터넷 같은 각종 매체를 비롯하여 시중에는 성장에 관련된 온갖 정보가 흘러넘치지만 무조건 믿고 따를 수도 없는 형편이다.

직업이 소아정형외과 전문의이다 보니 병원 진료실에서나 인터넷상으로 아이를 키우는 젊은 엄마들과 아이의 성장에 대해 상담을 하는 경우가 많다. 그리고 얘기를 나누면서 많은 엄마들이 아이의 성장과 관련한 문제로 크고 작은 고민을 갖고 있다는 사실을 알게 되었다.

가령 아이가 이제 막 걸음을 배우기 시작했는데 걸을 때마다 발이 앞쪽으로 돌아가 자주 넘어지는 게 걱정이라며 자라는 데 지장이 없는지 묻는 경우가 있다. 그러면 나는 아이의 성장 발달 과정을 듣고 진찰한 후에 정상적인 발달 과정인 생리적 변화이므로 '성장하는 데는 별 지장이 없고 걸음을 완전히 익히게 되면서 저절로 좋아질 것'이라고 엄마에게 말해준다. 그러면 엄마는 그때서야 마음을 놓는다.

이외에도 엄마들은 아이의 키가 잘 자라지 않는다든지, O자나 X자 모양으로 다리가 휘어진 경우, 걷는 게 안짱걸음이거나 팔자걸음인 보행이상, 평발, 소아비만 등의 여러 가지 문제를 묻기도 한다. 정말이지 엄마들은 아이를 걱정하느라 하루가 바쁘기만 하다.

이처럼 아이를 낳아 키우다 보면 기쁨만큼 걱정도 많다. 아이를 건강하고 예쁘게 키우고자 하는 마음이야 당연하지만 걱정이 많아질수록 자연스레 성장에 도움이 된다는 각종 치료법에도 눈길이 가기 마련이다. 그러나 평소 아이에게 건강한 생활습관을 길러주는 것은 소홀히 한 채 효과도 불확실한 성장호르몬 요법이나 성분 불분명의 약제에만 너무 의존하게 한다면 오히려 아이의 성장에 나쁜 영향을 초래할 수 있다.

정보의 홍수 속에서 비과학적이고 비상식적인 각종 치료법이 신문이나 인터넷, 잡지 등의 광고의 힘을 빌려 과학적인 진실로 둔갑하기도 한다. 예로 최근 들어 아이들의 키 성장에 관한 부모들의 걱정을 자극해 굳이 필요 없는 약이나 치료를 권장하는 상업성 광고도 부쩍 늘어났다.

또한 아이가 정상적으로 자라면서 저절로 좋아지는 일종의 생리적 변화를 병적인 현상으로 오해하여 쓸데없는 치료를 받느라 과도한 비용과 고생을 감수하는 아이와 엄마도 점차 늘어나고 있어 안타깝기만 하다. 엄마들이 평소 아이의 정상적인 생리적 변화를 충분히 이해하고, 아이들에게 올바른 식습관과 운동습관만이라도 제대로 길러주면 값비싼 한약이나 호르몬 또는 성장 운동법 등에 의존하지 않더라도 충분히 키도 크고 건강한 아이로 자라나게 할 수 있다.

그러니 이 책을 통해 제대로 된 성장 관련 의료정보를 습득해 상업성 광고와 검증되지 않은 각종 대체치료법에 아이와 엄마가 모두 상처 입지 않았으면 하는 바람이다. 건강한 생활습관을 배우지 못하고 약에만 의존한 아이는 결국 어른이 되어서도 허약하기 마련이다.

이 책에서는 아이들이 자라면서 겪는 정상적인 신체적 변화, 즉 생리적 변화에 대한 이해를 돕고, 아이가 건강하고 예쁘게 자라기를 바라는 엄마들이 평소 아이의 성장과 관련하여 궁금해 했던 문제에 대한 해답을 제시하고 있다. 전문적인 지식을 누구나 알기 쉽게 풀어 설명하였으니 모쪼록 이 책 한 권이 자라나는 우리 아이들에게 건강한 생활습관을 습득하게 하는 길잡이가 되었으면 하고 간절히 바란다.

2008년 따뜻한 봄의 문턱에서
박수성

PART 1
아이의 **느린 성장발육,**
엄마의 관리에 달려 있다

성장 상식, 엄마가 아는 만큼 아이가 자란다

성장 느린 우리 아이, 건강하게 쑥쑥 자랄 수 있을까?

내 아이 성장을 방해하는 생활속 요인들을 잡자

PART 3

그것이 알고 싶다!
키 쑥쑥, 뼈 튼튼 상담실

부모의 마음이 담긴
성장 정보서

　참 오래간만에 좋은 책을 접하였습니다. 적절한 시기에 적절한 내용의 책이라고 생각했습니다. 하루에도 수많은 의학 정보물이나 책자들이 우편물로 전달되지만, 대부분 발간자의 의도를 강제하는 인쇄매체이다 보니 내용이 옳지 않거나 편중되어, 읽는 이의 마음을 무겁게 합니다.

　그러나 이 책은 읽는 이를 배려하여 수고를 아끼지 않은 책입니다. 더군다나 현재 대한민국 부모들의 최고 관심사 중에 하나인 아이들의 성장문제에 대한 이야기입니다. 중요한 부분인 만큼 사이비 의료행위나 편향된 비전문적 지식이 난무하여 정신적, 경제적으로 손실이 사회문제가 될 정도로 심각한 지경에 이른, 바로 이 시기에 필요한 책이라 느꼈습니다. 필자의 마음 씀씀이가 부모들의 마음 가깝게 있기에 가능한 일입니다.

자칫하면 어려워지기 쉬운 전문가의 이야기지만, 듣는 사람의 마음에서 출발하기에 한층 이해하기가 쉽게 쓰인 책입니다. 그럼에도 내용은 올바른 의학의 정수를 이야기합니다. 대한소아정형외과학회에서 국민건강에 책임을 느끼고, 정확하고 올바른 의학지식은 전하고자 노력을 시작하는 과정 가운데, 소아정형외과 전문가인 박수성 교수가 첫 얼굴을 보이는 것이라 그 의미가 크다고 생각합니다.

대부분의 전문가들이 학문이나 진료에 시간을 빼앗기다보니, 그 중요성을 알면서도 선뜻 시작하기 힘들었던 일을 이 책의 저자께서 수고하신 것입니다. 이 책이 수많은 젊은 부모님들에게 튼튼한 아이를 키우는 지침서가 되기에 부족함이 없음을 확인합니다.

박 교수의 수고와 노력에 같은 길을 걷는 전문인의 한 사람으로 축하를 더하는 기쁨을 누리면서, 많은 부모들이 읽어보시기를 기꺼이 추천합니다.

대한소아정형외과학회 회장, 계명대학교 의과대학 교수
송광순

부모님들께 추천하는
자녀 성장 지침서

아이가 정상적으로 자라는가는 부모들의 가장 큰 관심사이다. 또한 이왕이면 키가 좀 더 크기를 바라는 것은 아이와 부모들의 소박한 바람이기도 하다.

현대 의학의 발달로 이제는 키가 작은 것을 조상 탓으로만 돌릴 수 없는 시대이다 보니 자기 아이의 키가 좀 작다고 생각되면 온갖 방법을 동원하여 키를 크게 하려 한다. 신문이나 방송에 나오는 기사는 외우다 시피하고 인터넷을 구석구석 파헤친다. 좋다는 음식은 먹기 싫다고 해도 억지로 먹이고 한약제를 달여 먹이고, 효과를 보았다는 병원은 꼭 찾아가야지만 직성이 풀린다.

이렇게라도 해서 소기의 목적을 달성하였으면 다행이지만 전문가의 입장에서 보면 의학적으로 검증되지 않은 방법을 사용하여 괜히 시간만 낭비하거나, 예상치 못한 합병증이 발생하여 고생을 하기도 하고, 특별한 치료를 하지 않아도 자랄 만한 키를 가지고 괜한 돈을 쓴다는 생각이 들 때가 많다.

이러한 현상은 의료의 특성상 전문적인 지식이 부족하여 그저 주위 사람의 이야기를 듣거나 과대광고만 믿고 따르는 부모의 책임도 간과할 수는 없다. 그러나 무엇보다도 아직까지 우리나라에서는 일반인들을 대상으로 성장에 대한 궁금증을 풀어줄 만한 책이 나와 있지 않기 때문이기도 하다. 단편적으로 주워들은 상식이나 지식은 선무당 노릇을 하게 만들고, 체계적으로 알지를 못하니 좋다는 말만 들으면 솔깃하여 흔들린다. 이 책은 소아정형외과 영역에서의 풍부한 경험을 토대로 성장에 대한 궁금증을 기초에서부터 체계적으로 기술하였다. 이 책에서 우리 아이가 성장 촉진을 위한 치료가 필요하며, 가장 좋은 방법이 무엇이며, 치료 후에 얼마만큼의 성장을 기대할 수 있으며, 이런 치료로 인한 부작용이 없는지를 아빠 엄마가 이해하기 쉽게 풀이해 놓았다.

아이의 키에 관심이 많은 부모와, 특히 성장 치료를 시작하고자 하는 부모에게는 필요한 책이라고 생각하여 추천하는 바이다.

울산대학교 의과대학 교수
조우신

PART 1

아이의
느린 성장발육,

엄마의 관리에
달려 있다

성장 상식, 엄마가 아는 만큼 아이가 자란다

아이의 불만족, 엄마의 안타까움

'3억분의 1'이나 되는 경쟁률을 당당히 뚫고, 누구보다도 씩씩하게 내게로 온 아이건만 어찌된 일인지 아이는 점점 느린 성장을 한다. 키는 그럭저럭 또래를 따라가지만 너무 말라서 걱정스러운 아이, 잔병이 많아 그런지 작은 아이, 몸은 나름 다부진데 또래보다 주먹 하나만큼이나 작은 키가 걱정인 아이, 작게 태어나더니 나이를 먹어도 또래보다 작은 아이. 쥐면 꺼질세라, 불면 날아갈세라 정성을 기울였지만 성장 때문에 안쓰럽고 안타까운 엄마들의 고민이 남의 일 같지가 않다.

"요즘은 마른 체형이 대세야!", "작은 고추가 맵다지 않아!" 제아무리 침 튀기며 우겨봐도 옆집 튼실이의 다부진 어깨와 윗집 훤칠이의 롱다리가 눈에 아른거려 돌아서는 엄마의 마음은 무겁기만 하다.

얼짱 신드롬에 이어 몸짱 신드롬까지 이제는 외모도 경쟁력인 시대다. 그렇다 보니 공부를 잘해서 좋은 직업을 갖는 것만큼이나 키가 크고 멋진 어른이 된다는 것은 부모나 아이 모두에게 중요한 문제가 되었다. 이제 엄마는 아이를 임신한 순간부터 건강하고 똑똑한 것은 물론이고 예쁜 얼굴, 훤칠한 롱다리로 태어나 주길 기도하기 바쁠 지경이다.

여자아이들은 빠르게는 서너 살 때부터 자신의 외모에 관심을 갖기 시작한다. 엄마의 화장거울에 자신의 머리핀을 비춰 보며 때론 만족스러운 미소를 짓기도 하고 때론 불만스러운 듯 이리저리 머리를 다듬어 보기도 한다. 그리고 유치원생이 되고 초등학생이 되면서 아이는 어느새 자신의 전신을 거울에 비춰 본다.

"엄마, 난 왜 이렇게 작아? 친구랑 같이 다니면 내가 동생 같아 보이잖아."

아이가 자신의 외모를 자각하기 시작하면서 은근슬쩍 화살은 엄마 아빠에게 돌아온다. 마치 엄마 아빠가 작아서 자기도 그렇게 작은 게 아니냐는 듯 말이다.

"괜찮아, 클 때 되면 다 클 거야."

그런 아이의 엉덩이를 토닥여주고 돌아서지만 마음은 왠지 편치 않다.

선행과 조기를 부추기는 사회에서 '조금 느긋하게 가는 것'이 더 옳다고 믿는 엄마들도 있다. 엄마들의 조급증을 염려하며 아이들과 발맞추어 동행할 것을 강조하는 '눈높이', '맞춤식'이라는 말도 유행이다. 그러나 아이의 건강한 성장에 있어서만큼은 엄마들이 아이보다 훨씬 앞서서 이끌어야 한다. 아이의 성장은 발달 단계별로 미리 알아두고 챙겨주어야 할 것들이 많기 때문이다.

성장의 적절한 시기를 놓친 후에 머리 맞대고 대책을 강구하는 것은 결코 아이에게 도움이 되지 못한다. 꼼꼼하게 잘 계획된 설계도가 아름답고 튼튼한 집을 완성해내 듯 미리미리 체크하고 계획하는 엄마의 현명함이 아이의 건강한 성장을 이뤄내는 것이다.

초보 엄마, 성장시기별 정상 발달 과정을 알아두자

정상적인 발달 과정임에도 불구하고 아이를 처음 키우는 초보 엄마는 당황스러운 경우가 한두 번이 아니다. 가끔 진료를 하다 보면 '우리 아이 정상적으로 크고 있는 거 맞나요?'를 시작으로 한 걱정 투의 질문들이 쏟아진다. 어른과는 달리 아이는 하루하루 다르게 성장하며 그에 따른 발달 과정이 다르기 때문에 그 과정에 대한 이해가 부족한 초보 엄마로선 당연히 걱정스러울 수밖에 없는 일이다. 따라서 초보 엄마일수록 아이의 성장시기별 정상적인 발달 과정을 이해하고 있어야만 진짜 우리 아이가 이상이 있는지 알아볼 수 있다.

일반적으로 외형적인 기형이나 변형은 육안으로도 금방 알아챌 수 있지만 신경이나 근육계통의 이상은 아이의 움직임이 활발해지는 시기인 만 1세까지는 알아내기가 무척 힘들다. 심지어는 전문가들조차도 처음엔 진단을 섣불리 내리지 못하는 경우가 많다.

우선 근육이나 신경계통의 발달 과정을 살펴보자. 출생 직후에는 몸 전체가 유연하여 힘을 잘 쓸 수 없는 상태인지라 아이는 스스로 고개를 돌리기조차 쉽지 않다. 그러다 2~3개월이 지나면 목부터 힘이 들어가서 머리를 좌우로 움직일 수 있게 되는데 우리가 흔히 '목을 가눈다'고 표현하는 시기이다. 4~5개월째가 되면 엎드린 자세에서 머리를 위로 들 수 있게 되고, 6개월째는 혼자서 앉을 수 있게 되며, 7~8개월이면 사방으로 기어 다닐 만큼 몸에 힘이 붙는다. 아이마다 차이는 있지만 9~15개월 사이에는 손으로 주변 사물을 잡고 일어서는 동작부터 시작해 서서히 혼자 걸음마를 시작할 수 있게 된다.

아이들의 발육 속도는 서로 다르지만 그 차이가 그리 크지도 않다. 따라서 수시로 아이의 발육 상황을 기록해두는 것이 좋다. 만약 아이의 발육 속도가 너무 늦어지는 경우, 예를 들면 9개월이 되었는데도 아직 스스로 앉지를 못한다든지, 15개월인데도 아직 혼자 서지를 못한다든지, 혹은 2세가 되어서도 혼자 걷지를 못한다든지 하면 반드시 소아정형외과나 소아과 의사 등 성장을 전문적으로 다루는 의료진의 진찰을 받아보는 것이 좋다.

💙 연령별 정상 발달단계

목을 가눈다
3~4개월

물건을 잡는다
5~6개월

엎친다
6~7개월

혼자서 앉는다
6~7개월

긴다
8~9개월

붙잡고 선다
9~10개월

혼자서 선다
12개월

손잡고 걷는다
12개월

혼자서 걷는다
15개월

공을 발로 찬다
15개월

손잡고 층계를 오른다
18개월

잘 뛴다
2년

계단을 오르내린다
2년

세발자전거를 탄다
3년

한쪽 발로 잠깐 선다
3년

한쪽 발로 뛴다
4년

줄넘기를 한다
5년

정상적인 성장발육 속도를 알아두자

임신이 되는 순간부터 완전한 성인이 되기까지 아이는 지속적으로 성
장한다. 물론 각각의 시기에 따라 눈에 띄게 쑥쑥 성장하기도 하고 조
금 더디게 성장하기도 한다. 또한 그 성장 속도는 신체 부위마다 차이
가 나기도 한다.

　태어나서 가장 많이 자라는 때는 출생 시부터 만 2세까지의 시기이다.
이 시기에는 1년에 키가 약 10~25센티미터까지 자란다. 통계에 따르면
일반적으로 신생아는 출생 시 키가 평균 약 40~50센티미터 전후인데
만 1세가 되면 키가 약 70~80센티미터에 이르게 된다고 한다.

　2세를 지나 사춘기 이전까지 성장발육 속도가 다소 주춤해지는 경향
이 있는데 그래도 1년에 평균 약 5~6센티미터 정도씩은 자라게 된다.

그러다가 성장 속도가 다시 빨라지는 게 사춘기의 시작인데 보통 여자아이의 경우 11세, 남자아이의 경우에는 약 13세경에 사춘기가 시작된다.

2차 최대 성장 시기는 여자아이의 경우 11~13세, 남자아이의 경우 13~15세 사이이며 그 이후 팔다리의 성장은 서서히 멈추게 되고 주로 몸통에서의 성장만 하다가 16~18세 이후에는 차츰 모든 성장이 멈추게 된다.

여기서 주목해야 할 점은 아이의 팔다리 성장이 척추의 성장보다 더 빨리 멈춘다는 사실이다. 그러니 큰 키뿐만 아니라 다리가 긴 예쁜 체형을 원한다면 어렸을 때부터 지속적으로 팔다리의 성장점을 자극할 수 있는 스트레칭이나 운동을 해주는 것이 좋다.

🎈 남자아이의 사춘기

보통 뼈 나이로 13세경에 사춘기가 시작된다. 이 시기가 되면 성장이 빨라지면서 한 달에 1센티미터 이상씩 자란다. 성장의 최대 절정기인 15세까지 약 16.5센티미터까지 자라고 15세가 지나면 성장이 약간 더뎌지기는 하나 18세까지 약 6센티미터가 더 자란다. 따라서 평균 22.5센티미터 이상 사춘기에 자라게 되는 것이다. 사춘기의 시작을 알리는 이차성징은 고환이 커지는 것으로, 이 시기가 지난 후 남자아이는 키가 부쩍 자라게 되고 겨드랑이와 턱에 털이 생기기 시작하면서 성장이 점차 둔화된다.

🎈 여자아이의 사춘기

보통 뼈 나이로 11세경에 사춘기가 시작된다. 이 시기가 되면 성장이 빨라지면서 한 달에 1센티미터 이상씩 자란다. 성장의 최대 절정기인 13세까지 약 15센티미터 정도 자라게 되고 13세가 지나면 성장이 약간 더뎌지기는 하나 16세까지 약 6센티미터 더 자란다. 따라서 20센티미터 이상이 사춘기 때 자라게 된다. 사춘기의 시작을 알리는 이차성징 때 가슴이 나오기 시작하는데 겨드랑이에 털이 나타날 즈음이면 성장이 느려지기 시작하여 초경을 하게 되고 그 후로 약 3~5센티미터 정도 더 자란 후 성장을 멈추게 된다.

그러나 이는 일반적인 경우로 개개인에 따라 큰 편차를 보이기도 한다. 즉 아이에 따라 어릴 때는 또래보다 작았지만 나중에 사춘기를 거치면서 다른 아이들보다 부쩍 키가 더 크는 경우도 있다. 이는 실제 아이의 나이^{역 연령}보다 뼈 나이^{골 연령}가 낮게 나타나는 경우이다. 즉 실제 나이는 13세라 하더라도 뼈 나이가 11세밖에 되지 않았다면 다른 아이들에 비해 약 2년 정도 더 클 수 있는 여유가 있는 것이다. 이것이 바로 성장이나 발달에서 실제 나이보다 뼈 나이를 너 중요하게 여기는 이유이기도 하다.

내 아이 성장 담당은 성장호르몬과 성장판이다

아이의 성장에 결정적인 역할을 하는 것이 뼈의 성장을 담당하는 성장호르몬이다. 성장호르몬은 뇌하수체 전엽에서 분비되며 뼈의 성장뿐 아니라 지방을 분해하고 단백질을 합성하는 작용을 한다. 결국 성장호르몬을 많이 분비하게 하는 것이 아이의 건강한 성장을 돕는 길인 셈이다. 환경적 요인에 따라 성장호르몬은 다량 분비되기도 하고 소량 분비되기도 한다. 또한 분비된 성장호르몬이 아이의 키 성장에 쓰일 수도 있고 다른 곳에 쓰일 수도 있다.

그렇다면 과연 어떻게 해야 성장호르몬을 펑펑 솟아나오게 하며, 그 호르몬을 내 아이의 성장에 집중시킬 수 있을까? 결론적으로 말하면 올바른 환경적 요인이 유전적인 키 성장의 잠재력을 최대한 끌어올리게 해준다. 즉 균형 잡힌 영양 섭취, 충분한 수면, 즐거운 마음가짐, 규칙적인 운동, 건강한 신체 등이 성장호르몬 분비를 촉진시킴과 동시에 성장에 집중시키는 역할을 하는 것이다. 반면 불균형한 영양 섭취, 과식으로 인한 비만, 정신적 스트레스, 부족한 수면, 운동 부족, 질병 등은 성장호르몬의 분비를 저해하고 성장에 집중하지 못하게 만드는 요인으로 작용한다.

성장호르몬은 만 55세 정도까지 분비되지만 성장은 성장판이 열렸을 때만 가능하다. 성장판은 성장기 아이의 뼈 중 팔이나 다리뼈의 끝부분에 주로 위치하고 있으며 뼈세포를 스스로 만들어내어 팔이나 다리뼈의 길이를 길어지게 함으로써 결과적으로 키를 자라게 하는 곳이다. 하지만 성장판이 알아서 척척 자동으로 아이의 키를 크게 하는 것은 아니다. '용불용설'까지는 아니더라도 사람이든 기계든 가만히 모셔두는 것보다는 자주 사용해주는 게 그 기능을 충분히 발휘하게 하듯 성장판도 몸을 움직이는 활동을 통해 어느 정도의 자극을 받아야 뼈의 성

장을 촉진하여 키를 크게 한다. 그래서 적당한 강도의 규칙적인 운동이
아이의 성장에 있어 필수적인 요인으로 작용하는 것이다.

성장판 부위는 산소가 많이 필요하며 세포의 증식 활동과 혈액순환
이 활발한 곳이다. 그리고 외상에 매우 민감한 곳이기도 하다. 만약 이
부위를 심하게 다치게 되거나 염증에 의해 성장판 일부에 손상을 입게
될 경우 성장 장애를 일으켜 팔이나 다리가 휘거나 짧아지는 현상이 발
생할 수 있다. 그러므로 성장판이 손상되지 않도록 운동을 하거나 일상
생활을 할 때 주의할 필요가 있다.

❤️ 성장판과 성장세포

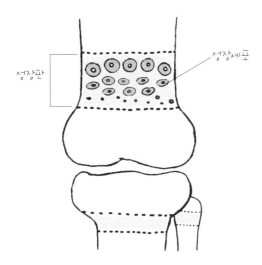

마음 편히 뛰어놀고, 시간 맞춰 잘 자면 한 뼘은 더 자란다

초등학교 5학년 아담이는 매일 밤 9시만 되면 잠자리에 든다. 성장호르몬이 최고조에 이른다는 밤 10시에서 2시 사이에 숙면을 취하기 위해서다. 시험기간에도 예외는 아니다. 밤에 일찍 자고 아침에 일찍 일어나 공부를 하기로 했다. 키가 좀 더 자랄 수 있다면 생활리듬을 바꾸는 노력 정도야 감수해야 한다. 한창 예민한 나이의 아담이는 반에서 키작은 순으로 다섯 손가락 안에 꼽힌다는 게 가장 큰 콤플렉스이다. 그래서 이젠 엄마의 잔소리가 없어도 스스로 시간 맞춰 잠자리에 든다.

'한창 키가 자랄 때는 하루 밤에도 3센티미터씩 자란다'는 말이 있다. 조금은 과장된 말이지만 그만큼 수면이 골격 성장에 큰 도움을 준다는 말이다. 실제로 성장호르몬 하루 분비량의 약 60~70퍼센트가 밤 10시부터 새벽 2시 사이에 분비된다고 하니 밤 10시 이전에 잠자리에 드는 것이 아이의 성장에 좋다.

아이들이 늦게 잠자리에 드는 이유 중 대부분은 부모의 생활습관을 닮기 때문이다. 밤늦게 잠자리에 드는 아이는 키 성장에 좋은 황금시간대를 놓치게 되는 꼴이니 일찍 잠자리에 들 수 있도록 부모의 적극적인 도움이 필요하다.

보통 2~3세 아이들의 경우 하루 12~14시간 정도의 수면이 필요하고

4~6세 사이의 아이들은 11~12시간, 7세 이후는 매일 적어도 9~10시간의 수면시간이 필요하다. 몸이 아파 밤에 잠을 잘 못 잔다든지 스트레스로 인해 잠을 설치게 될 경우 당연히 성장호르몬 분비가 억제되어 성장에 악영향을 끼치게 된다. 무엇보다 수면부족 현상은 아이의 면역력을 억제시켜 각종 질병에 대한 저항력을 떨어뜨림으로써 성장장애는 물론 심각한 질병까지 유발할 수 있으니 밤늦은 시간까지 공부를 한다든지 컴퓨터게임을 하는 것은 피해야 한다.

💙 수면 중 성장호르몬 분비곡선

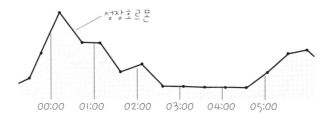

사춘기 이전의 성장호르몬의 분비는 잠을 자면서 시작되며 깊은 잠의 단계에서 전체량의 80%가 나온다.

한편, 아이들의 심리적 상태도 성장에 상당한 영향을 미치는 것으로 알려져 있다. 만약 아이가 어떤 이유로 인해 심리적으로 심한 압박을 받는 상황이라면 뇌하수체로부터의 호르몬 조절 능력이 떨어지고 성장호르몬의 분비가 저하되어 성장 속도가 늦춰지게 된다.

또한 심한 스트레스를 받게 되면 이에 대한 반응으로 우리 몸은 스트레스 호르몬의 일종인 코티솔Cortisol이라는 물질을 분비하게 되는데 이는 뼈의 무기질 함량이나 합성 효소의 활성도를 낮추어 뼈의 성장을 억제하는 역할을 한다.

그뿐 아니라 어린이의 스트레스는 식욕은 물론, 소화 흡수력까지 떨어뜨려 성장발육에 나쁜 영향을 미치고, 심지어 감염에 대한 면역력까지 떨어뜨려 각종 질병에 쉽게 걸리게 하는 것으로 알려져 있다. 따라서 무엇보다 아이의 마음을 편하게 해주고 마음껏 뛰어놀게 하는 것이야말로 성장을 촉진시키는 좋은 방법이 될 것이다.

성장 느린 우리 아이, 건강하게 쑥쑥 자랄 수 있을까?

작은 아이, 정말 타고나는 것일까?

'아이들은 클 때 되면 다 큰다'는 말을 믿으며 열심히 그'때'를 기다리지만 도통 별다른 기미가 없는 아이의 더딘 성장에 속 타는 부모가 적지 않다. 만약 타임머신이라도 있다면 미래로 날아가서 훤칠해진 우리 아이의 모습을 보고 싶은 심정이다.

그러나 부모가 생각하는 것만큼 아이가 성인이 됐을 때 키를 예상하는 것은 그리 막연하지만은 않다. 아이의 성장과 발달은 엄마 아빠로부터 물려받은 유전인자의 영향을 상당 부분 받기 때문이다. 마치 아이의 얼굴이 아빠나 엄마의 모습을 닮듯 키 성장이나 다리의 모양도 부모로 부터 물려받은 유전인자에 의해 어느 정도 결정된다. 그럼 아빠나 엄마의 키가 작다면 아이의 키도 작을 수밖에 없다는 말인가?

♥ 부모의 키에 따른 자녀의 키 성장 확률

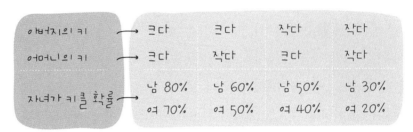

아버지의 키 →	크다	크다	작다	작다
어머니의 키 →	크다	작다	크다	작다
자녀가 키클 확률 →	남 80% 여 70%	남 60% 여 50%	남 50% 여 40%	남 30% 여 20%

유전적 확률로 볼 때 엄마 아빠가 모두 키가 크다면 아이도 약 70~80 퍼센트 정도의 확률로 키가 클 수 있다. 이는 남녀에 따라 조금의 차이가 나는데 남자아이의 경우에 약 80퍼센트10명 중 8명 정도이고 여자아이의 경우는 약 70퍼센트 정도 된다. 부모 중 한 명만 키가 크고 다른 사람은 키가 작을 경우 아이가 큰 키가 될 수 있는 확률은 50퍼센트 정도이다. 그리고 부모가 모두 키가 작을 경우에 아이 키가 클 수 있는 확률은 더욱 줄어들게 된다.

성인이 되었을 때 키가 얼마나 될지 알아보는 방법 중 가장 흔한 방법이 부모의 키를 기준으로 계산하는 방법이다. 평균적인 한국 성인 남자의 키173cm가 성인 여자의 키161cm보다 12센티미터 크다. 그러므로 유전적인 키 예상치는 아이가 남자아이인지 여자아이인지에 따라 엄마

또는 아빠의 키에서 12센티미터를 빼거나 더하여 평균치로 계산할 수 있다.

💜 **여자아이의 유전적 예상 평균키**

$$= \{(\text{아버지의 키} - 12cm) + \text{어머니의 키}\}/2$$

💜 **남자아이의 유전적 예상 평균키**

$$= \{(\text{어머니의 키} + 12cm) + \text{아버지의 키}\}/2$$

예를 들면, 엄마의 키가 160센티미터이고 아빠의 키가 175센티미터인 여자아이의 유전적 예상 평균키는 {(175-12)+160}/2=161.5센티미터이고, 남자아이의 유전적 예상 평균키는 {(160+12)+175}/2=173.5센티미터로 예상할 수 있다.

그러나 이것은 단순히 유전적 요인만을 고려할 때의 추정치이다. 최근 들어 부모 모두 키가 작은 경우에도 아이는 훤칠하니 롱다리를 뽐내는 경우도 종종 볼 수 있다. 그렇다면 왜 이런 현상이 일어날까? 아이의 성장에 있어 유전적 요인이 절대적으로 작용하는 것은 아니라는 말인가?

키는 유전적 요인과 환경적 요인의 복잡한 조합에 의해 결정된다. 그러나 키 성장을 결정하는 요인을 공식으로 표현해보면 의외로 아주 간단하고 명료하다.

💙 키 성장을 결정하는 요인 공식

키성장=(유전적 성장 잠재력+영양)-스트레스 유발인자

　즉, 유전적 성장 잠재력을 극대화시키는 동시에 영양 섭취를 충분히 하고 스트레스를 유발하는 요인을 최소화하게 되면 아이의 키를 최대로 키울 수 있고 더불어 아이의 건강 상태도 최상으로 유지할 수 있다는 말이다. 이에 대한 자세한 설명은 뒤에서 더 하겠다.

유전적 요인? 환경적 요인?

아이의 키 성장에 있어서 유전적 요인이 전부가 아니라면 과연 후천적인 노력으로 아이의 선천적인 키를 얼마나 극복할 수 있을까? 유전적 요인과 환경적 요인이 키 성장에 각각 몇 퍼센트나 영향을 미치는가에 대해선 아직도 논란이 많다. 대학병원에서 소아 성장을 전문 과목으로 연구하고 진료하는 교수들의 경우에는 유전적 요인이 키 성장에 70퍼센트 정도 영향을 미친다고 하는 반면 일부 성장 관련 개업 의사들의 경우에는 유전적 요인보다는 환경적 요인이 훨씬 영향을 많이 미친다고 하면서 유전이 차지하는 비율이 약 30퍼센트 정도밖에 되지 않는다고도 한다.

　환경적 요인이 더 큰 영향을 미친다는 의사들의 주장은 30년 전에 비해 키 성장에 좋은 환경을 갖춘 현재 아이들의 키가 평균 약 7센티미터 더 크다는 데 근거하고 있다. 이러한 주장은 무엇보다도 키 작은 엄마 아빠들에게 희망을 줄 뿐 아니라 한편으로는 좀 더 아이의 성장 환경에 신경을 써줘야 한다는 책임감도 느끼게 한다.

여기서 우리가 눈여겨봐야 할 것은 유전적 요인이 70퍼센트냐 30퍼센트냐가 아니라 후천적인 노력으로 선천적으로 타고난 키를 줄일 수도 늘릴 수도 있다는 것이다. 즉, 환경적 요인이라는 후천적인 노력으로 유전적인 키 성장의 잠재력을 최대한 끌어올릴 수 있다.

그렇다면 우리 아이 성장의 변수를 쥐고 있는 환경적 요인이란 어떤

것을 말할까? 성장에 영향을 미치는 대표적인 환경적 요인으로는 영양 섭취, 운동, 수면습관, 질병, 스트레스 등이 있다. 더불어 임신 중 엄마의 건강 상태도 중요한 요인으로 작용하는데 임신 중 엄마의 건강 상태가 좋지 않을 경우 태아의 성장에 나쁜 영향을 줄 뿐만 아니라 출생 후에도 계속해서 아이의 성장을 더디게 할 수 있다. 결국 엄마 아빠는 내 아이의 올바른 성장을 위해서 임신한 그 순간부터 유아기를 거쳐 청소년기, 어른이 되기까지 한순간도 방심해서는 안 된다.

아이들의 평균키가 커지고 있다

"요즘 아이들, 우리 때보다 훨씬 크지 않나요?" 부모세대와 비교해볼 때 잘 먹어서 그런 건지, 아니면 유전인자가 좋아진 건지 어쨌건 요즘 아이들의 평균키가 훌쩍 크고 있다. 영양 섭취가 아이의 성장에 큰 영향을 끼친다는 것을 염두에 둘 때 보릿고개를 넘기며 하루 세 끼 먹을 것을 걱정하던 시절의 아이들이 풍족한 먹을거리를 자랑하는 요즘 아이들보다 작은 것은 어찌 보면 당연한 일이다.

물론 '움직이는 걸 싫어해서 운동량이 적다, 공부 때문에 스트레스도 많이 받는다, 환경병이라 불리는 아토피, 천식 등 갖가지 질병도 많이 앓고 있다' 등등 기타 환경적 요인에서 예전과 비해 별반 나을 게 없다고도 하지만 먹을 것 하나만은 표 나게 좋아졌다는 것은 누구나 인정할 것이다.

　우리나라의 경우, 베이비붐이 일어났던 1960년대 풍족하지 않은 경제 상황에서도 각 가정마다 보통 네댓 명 정도의 아이를 낳아 키웠으니 당시의 가정환경은 한둘만 낳아 기르는 지금과 비교도 되지 않을 만큼 열악했다. 더욱이 먹을거리마저도 빈약하니 아이들의 성장 환경은 거의 방치되는 수준이었다고 해도 과언이 아니다. 성장에 필요한 영양 섭취 수준을 과거와 현재를 비교하여 굳이 따져보면 100점 만점에 겨우 50점이나 되면 그나마 다행인 수준이었다. 그런 이유 때문인지 몰라도 당시엔 유난히 빼빼 마른 아이들이 많았고 심지어 영양부족으로 얼굴에 마른버짐이 흔했다.

　그에 비해 요즘은 산업화에 따른 경제성장과 풍부한 식재료 등 영양 섭취 면에선 괄목할 만한 성과를 이뤘다고 볼 수 있다. 1960년대에 비해 요즘 아이들의 평균 신장이 약 6~7센티미터가 커졌다고 하니 아이들이 평소 섭취하는 음식이 얼마나 중요한 역할을 하는지 알 수 있다. 이웃나라인 일본의 경우에도 우리나라와 비슷하여 1950년대 남자아이의 평균키보다 1990년대 평균키가 약 8.4센티미터, 여자아이의 경우 약 5센티미터가 커졌다고 한다.

　그뿐만이 아니다. 1950년대 이후 영양 섭취 면에서 큰 변화를 겪지 않았던 미국 아이들의 평균 신장은 현재까지 별반 차이가 없는 반면, 최근 심각한 영양 결핍 증세를 보이고 있는 것으로 알려진 몇몇 국가들 북한과 아프리카 일부 국가의 어린이 성장은 오히려 감소한 추세여서 이와 대조를 보인다.

이것만 보더라도 환경적 요소가 아이의 성장에 얼마나 큰 영향을 미치는지 잘 알 수 있다. 영양 섭취만 신경 써도 아이들은 이렇게 표 나게 잘 자라니 말이다. 그러니 다른 환경적 요인들을 같이 개선시켜주면 얼마나 더 잘 자라겠는가.

내 아이 성장, 문제없나

빨리 자라는 아이가 있는가 하면 조금 늦게 자라는 아이도 있다. 즉, 더디게 가더라도 길게 갈 수 있는 것이고, 아니면 어느 순간 그 잠재력을 발휘하여 쑤욱 자라줄 수도 있다는 말이다. 또래에 비해 작은 아이를 둔 부모의 속 타는 마음이야 충분히 짐작하지만 아이의 성장에 신경을 쓰고 건강한 생활습관을 지속할 수 있게 해주면서 느긋한 마음으로 기다려보기를 권한다.

키가 작다고 걱정하는 아이 가운데 상당수는 단지 좀 늦게 자라는 체질성 성장지연인 경우가 많지 실제 병적인 원인에 의하거나 영양 상태가 좋지 않아 발생하는 성장부진의 경우는 드물다.

아래는 교육인적자원부에서 발표한 연령별 발육그래프이다. 그래프에서 볼 때 하위 3퍼센트 이하일 경우, 예를 들면 만 10세 남자아이의 경우 가로 나이축의 10세 지점에서 세로로 직선을 그어 그래프와 만나

는 점이 하위 3퍼센트 선인 132.5센티미터보다 작으면 성장부진을
의심하고 전문의의 진찰을 받아보도록 해야 한다.

🧡 남아 표준 성장곡선 (남 6~17세)

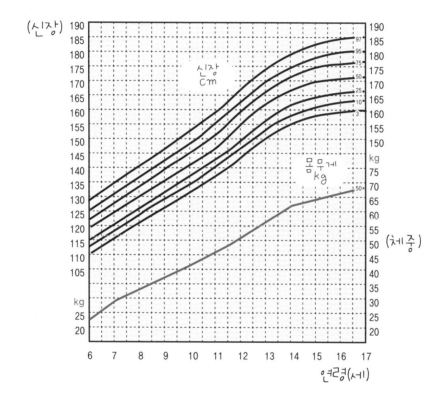

♥ 여아 표준 성장곡선 (여 6~17세)

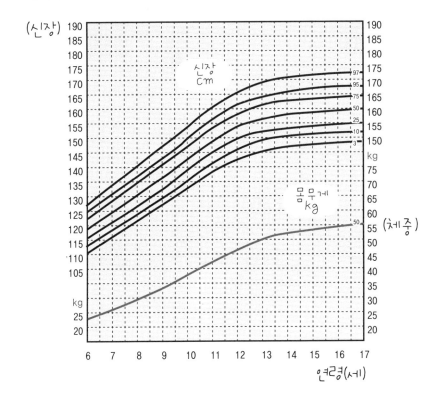

또한 일정한 시기를 두고 키가 자라는 정도를 체크해보는 것도 도움이 되는데 만약 6개월에 2센티미터 미만의 속도로 자라게 되면 성장부진을 의심해야 하고 정확한 원인을 알기 위해 전문의의 진찰을 반드시받도록 한다.

❤ 체격검사

구분		키 (cm)		몸무게 (kg)		가슴둘레 (cm)		앉은키 (cm)	
		남	여	남	여	남	여	남	여
초등학교	1학년(만 6세)	120.64	119.30	23.96	22.88	59.97	58.02	66.51	65.80
	2학년(만 7세)	126.52	125.34	27.34	25.97	62.83	60.92	69.48	68.70
	3학년(만 8세)	132.02	130.98	31.02	29.35	65.53	63.90	72.02	71.25
	4학년(만 9세)	137.30	137.06	34.82	33.40	68.31	66.62	74.27	73.81
	5학년(만 10세)	142.96	143.68	39.38	38.09	71.65	69.65	76.60	77.26
	6학년(만 11세)	149.12	150.26	44.54	43.58	74.71	73.79	79.12	80.40
중학교	1학년(만 12세)	156.37	154.93	50.21	47.80	78.08	76.78	82.49	82.72
	2학년(만 13세)	163.20	157.87	55.69	51.00	81.15	79.88	86.10	84.59
	3학년(만 14세)	168.45	159.32	60.95	53.13	84.45	81.18	88.91	85.65
고등학교	1학년(만 15세)	171.63	160.21	64.05	54.38	85.71	80.88	90.99	86.07
	2학년(만 16세)	172.80	160.66	66.12	55.16	87.14	82.57	91.97	86.67
	3학년(만 17세)	173.60	160.99	68.10	56.09	89.65	83.51	92.39	86.78

성장부진과 성장지연은 다르다

성장지연이란 한마디로 성장이 늦는 경우를 말한다. 비록 지금은 또래에 비해 키가 작지만 시일이 지나면 자연스레 다른 아이들의 키를 따라 잡을 수 있기 때문에 그다지 큰 문제는 없다. 성장지연을 보이는 아이는 또래 아이들에 비해 성적으로도 덜 성숙한 경우가 많지만 이 역시 조금 지나면 다른 아이들과 비슷해진다. 반대로 어릴 때는 키가 크고 성적으로도 성숙해서 또래보다 훨씬 언니처럼 보였던 아이가 나중에 어른이 되면 오히려 키가 동년배보다 더 작은 경우가 있는데 이는 조기성숙으로 인한 현상이다. 그러니 또래보다 빨리 자란다고 해서 마냥 좋아할 일이 아니듯 늦게 자란다고 해서 속상해 할 필요도 없다.

만약 아이의 평소 생활습관에 큰 문제가 없고, 영양 상태가 좋고 질병이 없음에도 불구하고 키가 또래보다 작다면 체질성 성장지연일 가능성이 크다. 성장지연은 몇 가지 간단한 검사법을 통해 알아볼 수 있는데 대표적인 방법으로 뼈의 성숙도를 알아보는 뼈 나이 체크가 있다.

성장지연인 아이는 뼈 나이가 실제 나이보다 어리게 나온다. 예를 들어, 실제 나이가 10세라고 해도 뼈 나이가 8세라면 체질성 성장지연이므로 너무 걱정할 필요가 없다. 이런 체질성 성장지연은 평소의 생활습관을 유지하면서 부족한 면을 보강해주는 방법으로 성장 잠재력을 극대화하면 된다.

한편, 성장부진이란 뼈 나이가 실제 나이와 같거나 더 높게 나옴에도 불구하고 아이의 성장이 또래보다 늦은 경우를 말한다. 일반적으로 또래 중 키 작은 순으로 3퍼센트 안에 드는 아이들, 1년에 4센티미터 이하로 자라는 아이들은 성장부진을 의심할 수 있다. 성장부진의 원인은 매우 다양하여 엄마 아빠들이 알기 힘든 경우가 많다. 시간 간격을 두고 아이의 키를 체크해 1년에 4센티미터 이하로 자란다면 일단 성장부진을 의심하고 전문의를 찾아 상담을 받아봐야 한다.

대표적인 성장부진의 원인으로는 아래의 것들이 있다.

- **영양 섭취의 불균형:** 과거 영양 상태가 좋지 않았을 때는 영양결핍으로 인한 성장부진이 대다수였지만 최근에는 오히려 비만으로 인한 성장부진이 문제가 되고 있다.

- **과도한 스트레스:** 남보다 앞서야 하고 잘나야 한다는 과도한 경쟁심리로 인해 아이들조차도 경쟁에 뒤처지지 않기 위해 마음대로 뛰어놀지도 못한 채 스트레스를 과도하게 받는 것이 성장부진의 새로운 원인이 되고 있다.

- **각종 만성질환:** 아토피 피부염이나 천식 등 환경적인 요인에 의한 각종 만성질환도 성장부진의 원인으로 들 수 있다.

그 외에도 드물기는 하지만 병적인 성장부진도 있으므로 아래와 같은 질환이 의심될 때는 지체 없이 전문의의 진찰을 받아보아야 한다.

- 근골격계의 이형성증조직이나 신체 구조 일부의 기형이나 각종 내분비 질환에 의한 성장부진인 경우

- 출생 전 염색체 또는 유전자 이상이 있거나 콩팥이나 심장 소화기 계통의 내부 장기에 만성질환이 있는 경우

- 천식 등의 기존 질환으로 인해 각종 약물을 장기 복용해야 하는 경우

- 키를 크게 하는 성장판 자체의 이상이 있을 때나 이러한 성장판에 영향을 미치는 각종 내분비 질환이 있을 경우

식습관, 생활습관 꼼꼼하게 따져보자

평소 아이의 식습관이나 생활습관을 관찰하는 것만으로도 우리 아이가 잘 자라고 있는지를 짐작할 수 있다. 유전적인 키 성장의 잠재력을 최대한 끌어올리게 해주는 환경적 요인이란 결국은 아이가 먹고, 움직이고, 느끼고 하는 모든 일상생활 속에 숨어 있는 것이기 때문이다.

열 살 부진이는 평소 늦잠을 자는 습관 때문에 아침에 일어나는 것이 힘들다. 학교 갈 시간이 코앞에 다가와서야 겨우 눈을 비비고 일어나 아침밥도 거른 채 등교를 한다. 잠이 덜 깬 채 등교를 하다 보니 쉬는 시간만 되면 책상에 엎드리기 바쁘다. 친구들이 운동장에 나가 뛰어노는 동안 부진이는 멍하니 엎드려 있거나 휴대전화 게임을 하면서 보내는 경우가 많다. 학교 급식도 부진이가 좋아하는 튀김류나 햄, 돈가스가 나오는 날을 제외하곤 반도 채 먹지 못하고 남기는 경우가 허다하다. 채소류나 생선류는 아예 입에도 대지 않는다. 대신 집에 돌아오기 무섭게 냉장고로 달려가 아이스크림, 청량음료, 과자를 집어 들고는 10

분도 안 돼서 다 먹어치운다. 디저트로 초콜릿을 들고 컴퓨터 앞으로 달려가서는 학원 갈 시간이 다가올 때까지 꼼짝 않고 게임에 열중한다. 학원에서 돌아온 후, 저녁 식사로 평소 좋아하는 카레라이스, 김치, 햄과 튀긴 냉동 새우를 먹는다. 식사시간 동안 가족들은 약속이나 한 듯 TV에 빠져서는 딱히 대화를 나누지도 않는다. 학교와 학원숙제를 하기 위해 밤늦게까지 책상에 앉아 있다가 밤 10시경 배가 출출하여 엄마를 졸라 피자와 콜라를 배불리 먹고는 TV를 보다가 밤 12시경 잠자리에 든다. 이런 습관 때문인지 키는 125cm인데 몸무게는 35kg이나 된다.

의외로 요즘 아이들 중에는 부진이와 비슷한 일상을 보이는 경우가 많다. 이를 '뭐, 남들도 다 그러지 않나?'라며 대수롭지 않게 여긴다면 어쩌면 내 아이는 유전적으로 타고난 키보다도 더 작은 어른으로 성장할지도 모른다.

그러니 다음의 체크리스트를 아이와 함께 작성해보며 얼마나 많은 항목에 해당하는지 살펴보자. 그리고 해당 항목이 많을 경우 반드시 아이의 식습관이나 생활습관을 개선해줘야 한다.

🩶 식습관 체크리스트

아침식사를 거르는 경우가 잦다 ☐

인스턴트 음식을 즐겨 먹는 편이다 ☐

TV를 보면서 간식을 먹는 습관이 있다 ☐

점심 학교 급식을 메뉴에 따라 남기는 경우가 많다 ☐

편식이 심하다 ☐

항상 배가 부를 때까지 과식하는 편이다 ☐

밥을 먹을 때 한꺼번에 많이 먹는다 ☐

식사를 규칙적으로 하지 않고 불규칙하게 먹는다 ☐

비스킷이나 초콜릿 같은 과자를 좋아하고 즐겨 먹는 편이다 ☐

콜라나 사이다 같은 청량음료를 좋아한다 ☐

구이나 조림 음식보다 볶거나 튀긴 음식을 좋아한다 ☐

간식을 지나치게 많이 먹어 다음 끼니를 놓치는 경우가 많다 ☐

잠자리에 들기 전에 음식을 자주 먹는다 ☐

외식을 자주 하는 편이다 ☐

※ 식생활 체크리스트 중 7개 이상이 해당되면 식습관을 바꾸도록 노력해야 한다.

♥ 생활습관 체크리스트

- 하루 중 신체활동(걷거나 뛰어노는 활동 포함) 시간이 한 시간 미만이다 ☐
- 운동을 싫어하는 편이다 ☐
- 규칙적으로 하는 운동이 없다 ☐
- 하루 평균 TV 시청 시간이 두 시간 이상이다 ☐
- 학원수업이나 숙제 때문에 시간이 없어 놀지 못하는 편이다 ☐
- 컴퓨터 게임을 좋아하여 하루 평균 두 시간 이상 컴퓨터를 사용한다 ☐
- 체육시간을 싫어한다 ☐
- 취침시간이 보통 12시 이후이다 ☐
- 햇볕을 쬐는 시간이 하루 30분 이하이다 ☐
- 잠을 충분히 자지 못하여 보통 수면시간이 하루 평균 다섯 시간 이하이다 ☐

※ 생활습관 체크리스트 중 5개 이상이 해당되면 생활습관을 바꾸도록 노력해야 한다.

키 쑥쑥 뼈 튼튼하게 키우는 비결, DISSEN

육군 사관학교 164센티미터, 항공사 여 승무원 162센티미터, 호텔에 취직하기 위해선 몇 센티미터 이상 되어야 한다는 등 직업별 키 제한은 차치하고서라도 작은 키는 사회생활의 걸림돌이 되기 쉽다. 또한 갈수록 사회풍조는 외모지상주의로 흘러가는데 꿋꿋하게 '마음만 착하면 돼',

혹은 '능력만 있으면 돼'를 강조하다가는 내 아이의 가슴이 멍들 수 있다.

그러니 '타고난 작은 키를 어떻게 해요!!'라며 한숨만 쉬지 말고 환경적 요인에 의한 후천적 성장에 기대를 걸어보자. 그러기 위해서는 환경적 요인을 최상으로 만들어주는 노력을 해줘야 한다.

키를 크게 해준다는 보조기구나 한약제 그리고 각종 건강기능식품의 효과를 물어오는 엄마들이 종종 있다. 그러나 이러한 것들 중 현재까지 과학적으로 효과가 입증된 경우는 매우 드물다.

의학적으로 아이들의 키는 나이에 따라 자라는 속도가 다르다. 때문에 어떤 시기에는 아무리 비싼 치료를 해도 기대한 만큼 잘 자라주지 않지만 어떤 시기에는 아무런 치료를 하지 않았는데도 한 달에 1센티미터 이상씩 자라기도 한다. 그러니 소위 키를 크게 해준다는 각종 치료법이 정말 효과가 있는 것인지 없는 것인지 도무지 알 길이 없다.

즉 키가 갑자기 크는 사춘기 아이의 경우 키가 저절로 많이 자라게 되어 있어 엉뚱한 치료를 하더라도 마치 그 치료가 효과 만점인 치료법인 양 둔갑한다. 반대로 키가 상대적으로 덜 자라는 3세부터 사춘기 이전까지는 그 어떤 치료 방법도 만족스럽지 못한 경우가 많다.

키가 크고 다리가 늘씬한 어른이 되는 것은 어쩌면 중요한 문제일지 모른다. 하지만 이를 위해 결과가 불확실한 치료법에 과도한 비용과 노력을 들여야 한다면 다시 한 번 생각해볼 일이다. 그렇다면 비싼 돈을 들이지 않고도 자연스럽게 아이의 성장 발달을 도와 키를 크게 하는 방법은 무엇일까?

키 성장과 관련하여 현재까지 효과가 있다고 알려진 방법으로는 비만예방, 햇볕 쪼임을 통한 비타민 D 합성, 스트레칭 및 규칙적인 운동, 그리고 성장 발달에 도움이 되는 영양소가 풍부한 음식을 매일 꾸준히 섭취하는 것이다.

- **다이어트**Diet : 비만을 예방해야 성장호르몬이 성장에 집중할 수 있다.

- **햇볕 쪼임**Sun light : 햇볕 쪼임을 통해 만들어진 비타민 D는 칼슘과 결합하여 우리 몸의 뼈를 만든다.

- **스트레칭**Stretching : 성장점을 자극하는 스트레칭은 올바른 체형으로 성장할 수 있도록 해준다.

- **운동**Exercise : 적당한 강도의 운동을 규칙적으로 해줌으로써 성장에 도움을 줄 수 있다.

- **영양**Nutrition : 단백질, 무기질, 칼슘, 비타민 등의 각종 영양소를 골고루 섭취하는 것이 성장의 기본이다.

이 다섯 가지 방법은 영문 첫 글자를 따서 DISSEN디센 프로그램으로 표현할 수 있다. DISSEN 프로그램은 아이의 성장을 위해 누구나 쉽게 따라 할 수 있는 방법으로 딱히 비용이 드는 것도 아니고 힘이 드는 것도 아니다. 소중한 우리 아이 '키 쑥쑥 뼈 튼튼' 성장발육법을 위한, 아주 조금의 노력과 관심이 필요할 뿐이다. 이 프로그램에 대해서는 뒤에서 좀 더 구체적으로 알아보도록 하겠다.

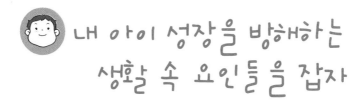

내 아이 성장을 방해하는 생활 속 요인들을 잡자

내 아이 성장을 방해하는 작지만 무서운 질병

내 아이의 성장이 남들 같지 않을 때 엄마는 혹시 아이에게 큰 병이라도 있는 게 아닌가 걱정을 하게 된다. 아이들의 성장을 저해하는 질환으로는 성장호르몬 결핍증, 터너 증후군, 프라디 윌리 증후군, 만성 신장 질환 등을 들 수 있다. 그러나 실제로 이런 심각한 질환은 매우 드물게 발생하는 것으로 대부분의 아이들에게서 발견하기 어렵다. 오히려 이런 질환들보다는 심각한 증세 없이 아이를 불편하게 만드는 질병들을 조심해야 한다. 즉 아토피 피부염이나 천식과 같이 질환 자체는 가벼우나 장기간 지속되어 아이들의 건강한 생활습관에 방해가 되는 만성질환이 오히려 아이들의 성장을 가로막는 경우가 훨씬 더 많다.

비염이나 천식

비염이나 천식을 앓고 있는 아이들은 찬바람, 먼지, 냄새 등 조그만 변화에도 안쓰러울 정도로 재채기를 하거나 기침을 해댄다. 이는 일종의 과민반응으로 자신의 몸에 맞지 않는 물질이 들어왔을 때 일어나는 해로운 면역반응이다. 천식이나 비염은 콧물이나 재채기, 기침 등으로 일상생활에 불편함을 주기도 하지만 더 심각한 것은 이차적으로 감기증상을 유발하여 호흡량을 줄어들게 한다는 것이다.

호흡량이 줄어들게 되면 뇌에 산소공급이 원활히 되지 않아 집중력과 기억력이 떨어져 공부에도 방해가 된다. 또한 수면 시 뇌의 산소가 부족하면 잠을 설치게 된다. 아이가 이렇듯 충분한 숙면을 취하지 못하게 되면 성장호르몬 분비가 저하되어 성장에 방해를 받게 된다. 또한 코를 통한 호흡에 불편함을 느껴 입으로 호흡을 하게 되는데 이러한 호흡법이 계속될 경우 얼굴 모양에도 변형을 가져올 수 있다.

알레르기성 피부염이나 아토피 피부염

환경병이라 불리는 알레르기성 피부염이나 아토피 피부염을 앓고 있는 아이들이 늘고 있다. 산업발달에 따른 교통량 증가, 무분별한 도시 개발과 각종 인공첨가물이 든 가공식품의 등장 등 자연과 사람을 배려하지 않은 개발의 폐단으로 우리 아이들 건강이 위협받고 있다. 통계에 따르면 아토피의 경우 2000년에 초등학생 25퍼센트 정도가 발병하여 지난 30년간 2~3배 정도가 증가했다고 한다.

아무리 느긋하고 온순한 성격의 아이일지라도 끊임없이 몸이 가렵고 따갑다면 예민하고 신경질적인 성격으로 변할 수밖에 없다. 이처럼 피부병은 아이들에게 극심한 스트레스를 유발하여 정신건강에도 좋지 않을 뿐 아니라 이로 인한 성장장애도 유발하므로 아토피 피부염을 일으킬 수 있는 오염된 환경으로부터 아이들을 보호하는 것이 중요하다.

알레르기 질환은 특히 겨울철에 악화되는 경우가 많다. 이는 아파트마다 난방이 잘되고, 더욱이 침대에서의 수면, 가습기의 사용이 증가해 생활환경에 변화가 생겼기 때문인데, 겨울에도 집 진드기가 사라지지 않아 알레르기성 질환 증가의 한 원인이 되고 있다. 또한 최근에는 애완동물을 키우는 집들이 늘어나면서 개나 고양이 같은 애완용 동물의 털과 비듬도 알레르기성 피부 질환 및 비염의 원인이 되고 있다.

집 안 환경을 깨끗하게 하고 진드기의 서식을 막기 위해선 침대나 매트리스를 자주 털고 햇볕에 말리는 것이 중요하다. 그리고 아무리 추운 날이라도 하루에 세 번 정도는 환기를 해 오염물질을 몰아내고 신선한 공기로 바꿔주는 것이 필요하다. 환기를 시킬 때는 가구의 문까지 활짝 열어서 밀폐된 공간 내도 신선한 공기로 바꿔주는 것이 좋다.

이른 사춘기가 성장을 가로막는다

요즘 아이들은 사춘기가 정말 빠르다. 자신의 경험에 비추어 아이의 사춘기를 예상하고 있던 엄마라면 당황하기 쉽다. 그런데 더 당황스러운 건 앞당겨진 사춘기만큼이나 아이들의 성장이 멈추는 시기도 더 빨라졌다는 사실이다. 사춘기에 분비되는 성호르몬이 성장호르몬의 역할을 방해하기 때문이다.

아이들은 사춘기남자 13세, 여자 11세를 거치며 제2의 성장을 겪게 된다. 사춘기 이전까지는 성장호르몬에 의해 단순히 신체적 성장만이 이뤄졌다면 사춘기 때에는 성호르몬에스트로겐, 테스토스테론에 의해 아이가 점점 어른이 되어간다.

사춘기의 성호르몬은 성장호르몬의 분비를 촉진하고 인슐린양 성장인자Insulin like Growth Factor: IGF-1의 체내 용량을 증가시켜 사춘기에 접어든 아이의 키 성장을 간접적으로 도와주는 착한 호르몬이다. 그런데 문제는 소량의 성호르몬은 키 성장을 도와주지만 과다한 성호르몬은 오히려 성장판을 닫히게 해 키 성장을 멈추게 하는 역작용을 한다는 것이다.

일단 사춘기가 시작되면 유전적으로 정해진 프로그램에 따라 성호르몬과 성장호르몬이 분비되어 키가 갑자기 쑥 자라게 되지만남자 25~30cm, 여자 15~25cm, 일정한 시기가 지나 성호르몬의 분비가 계속 증가하게 되면 자연스레 성장판이 닫히게 되어서 마침내 키 성장이 멈추게 되는 것이다.

이처럼 사춘기를 겪으며 급작스런 키 성장이 이뤄지다가 일정시간이 지나 멈추게 되어 있다면 사춘기 이전에 기본 키를 키워두는 것이 성장의 열쇠가 될 수 있다. 사춘기가 시작될 초기에 키가 컸던 아이들이 성인이 되어서 키가 큰 경우가 많은 것도 그런 이유 때문이다.

지나치게 이른 이차성징, 성조숙증을 의심해라

성조숙증은 어떤 원인에 의해 사춘기가 일찍 시작되는 경우를 말하는데 성조숙증인 아이들은 이차성징이 평균치보다 훨씬 빨리 나타난다. 여자아이의 경우 8세 이전에 유방 발달이 시작되고, 남자아이의 경우 9세 이전에 고환이 커진다. 그러나 이러한 이차성징이 빨리 나타난다고 해서 모두 성조숙증은 아니다. 정상적인 사춘기 발달 과정에서 나타나는 조기 유방 발육증이나 조기 음모 발생증, 조기 초경 발생증의 경우는 성조숙증이라기보다는 단순히 조금 이르게 이차성징이 나타나는 것으로 볼 수 있다.

사춘기가 너무 빨리 와버린 성조숙증 아이들은 처음에는 또래보다 체격이 큰 경우가 많은데 이것은 일시적인 현상에 불과하다. 성호르몬의 분비가 점점 늘어날수록 성장판이 빨리 닫혀 키가 자랄 수 있는 전체적인 기간이 짧아지게 되는데 결국 이런 아이들은 최종적으로 성인이 되었을 때 또래보다 작을 수 있다.

성조숙증의 원인은 매우 다양해서 반드시 전문의의 진찰이 필요하다. 사춘기 이전의 소아는 외부에서 유입되는 성 스테로이드에 매우 민감하게 반응을 하므로 특히 주의를 요하는데 외부에서 유입되는 호르몬으로 인한 조숙증인 의원성 성조숙증은 주로 강장제, 성분 불명의 각종 약제, 로션크림 등을 우발적으로 먹거나 바른 경우 나타날 수 있다. 최근에는 유사 에스트로겐으로 알려진 환경호르몬이 의원성 성조숙증을 유발하고 아이의 키 성장에 나쁜 영향을 미칠 수 있다는 사실이 언론에 보도되어 이에 대한 관심이 점차 커지고 있다.

또래에 비해 체격이 크고 성적으로 빨리 성숙한 성조숙증 아이들의 경우 조기발견과 치료가 매우 중요하다. 남들보다 빠른 신체적 변화에 당황할 수 있고 친구들과의 관계도 소극적일 수 있기 때문이다. 또한 비만이나 저신장, 집중력 저하, 학습장애, 음주나 성 남용 등의 비행으로도 이어질 수 있으므로 특히 중요하다.

 또래에 비해 덩치가 큰 것도 성조숙증인가요?

저희 딸은 올해 초등학교에 입학했습니다. 얼마 전 함께 목욕을 하다 우연히 가슴에 몽우리가 잡혀 깜짝 놀랐습니다. 아직 음모는 나지 않았지만 성조숙증이 아닌가 하고 덜컥 겁이 났습니다. 제 딸이 또래 아이들보다 키가 큰 편인데 초등학교 2~3학년과 덩치가 비슷합니다. 이럴 때는 어떡하면 좋을까요?

여자아이의 경우 이차성징이 나타나는 첫 증상이 가슴의 몽우리입니다. 이러한 이차성징의 발현이 보통 만 11세경에 시작되는 것이 정상적인 과정인데 이와 달리 8세에 나타났다면 성조숙증이 아닌가 의심해봐야 합니다. 만약 키가 또래와 비슷하고 성조숙증 호르몬 검사 후 별 이상이 없다면 정상변이의 한 형태인 조기 유방 발육증으로 보고 일단 관찰을 해도 되지만 또래 아이들보다 키가 크고 벌써 가슴에 몽우리

58

가 잡힐 정도라면 진성 성조숙증을 의심해봐야 합니다. 가능한 빠른 시일 내에 성장 및 성호르몬 검사를 비롯한 성장검사를 받으신 후 전문치료를 받으시는 편이 좋습니다.

 딸아이가 음모가 조금 났는데 성조숙증일까요?

오늘 저희 딸을 씻기면서 자세히 보니 검고 가는 음모가 조금 자란 것 같습니다. 다행히 가슴의 몽우리 같은 것은 아직 잡히지 않은 것 같습니다. 열 살치고는 또래보다 약간 큰 편으로 키가 145센티미터 정도입니다. 제가 키가 168센티미터이고 아빠가 180센티미터라 그런가보다 했습니다만 혹시 성조숙증은 아닐까요? 만약 그렇다면 어떻게 해야 하나요?

일반적으로 사춘기의 발달 과정에서 나타나는 이차성징의 발현은 처음 가슴에 몽우리가 생기고 이어 음모가 발생한 뒤 제일 마지막 단계로 겨드랑이 털이 자라게 됩니다. 가슴에 몽우리가 생기지 않은 상태에서 음모가 발견되었다면 일단 조기 음모 발생증의 가능성이 제일 크니 이를 감별하기 위해 성조숙증 호르몬 검사가 필요할 것 같습니다. 호르몬 검사상 별 이상이 없다면 꾸준히 운동과 식이요법을 겸하면서 경과를 보시는 것만으로도 충분합니다.

환경호르몬, 피할 수 없다면 줄이자

최근 TV에서도 그 유해성을 경고한 바가 있듯이 우리는 24시간 환경호르몬의 위협에 노출되어 있다. 평소 젖병을 무심결에 전자레인지에 넣고 우유를 데웠던 엄마들은 믿었던 젖병에서도 환경호르몬이 배출된다는 보도에 큰 충격을 받았다. 아이들이 입에 물기도 하고 얼굴에 부비기도 하는 장난감의 경우도 예외가 아니었다. 이처럼 주위에서 흔히 사용하는 물건들, 심지어는 먹는 음식에까지 환경호르몬이 없는 것을 찾기 힘들 정도니 그 속에서 내 아이를 건강하게 지켜내기란 쉽지 않은 일이다.

환경호르몬이란 그 이름에서 짐작할 수 있듯 환경에 의해 생성되어 호르몬처럼 인체에 영향을 끼치고 비정상적인 작용을 하는 물질을 말한다. 환경호르몬이 정말 무서운 이유 중 하나는 우리 몸속에 들어오면 절대로 빠져나가지 않고 계속 축적되고 농축되어 다음, 그 다음 세대까지 그 영향을 끼칠 수 있다는 점이다.

환경호르몬은 성장기 아동에게 실로 다양하게 그 영향을 미친다. 특히 유사 에스트로겐으로 작용하여 인체 내의 정상적인 호르몬 분비 장애를 일으켜 성조숙증이나 비뇨기 계통의 질환을 유발하는 등 아이들의 성장에 직접적인 영향을 미친다.

다른 것은 그렇다 쳐도 적어도 음식만큼은 깨끗하고 위생적인 식품을 골라 먹이겠다고 유기농이나 친환경 식품을 선택해보지만 그마저도 완전히 환경호르몬에서 벗어나지는 못하는 실정이다. 음식을 담은 용기, 기구, 포장에서까지 환경호르몬이 나오기 때문에 아무리 깨끗한 친환경 음식이라도 결국 아이의 건강을 해치는 음식이 될 수 있기 때문이다. 이렇게 가려 먹는 음식에도 환경호르몬의 위험이 있는데 하물며 가공 식품, 즉석 식품 등은 그 위험이 얼마나 클까?

사실 이처럼 환경호르몬은 우리 생활 곳곳에 숨어 있지만 잘 모르고 지나치기가 쉽다. 생활 속에서 자주 접하는 1만여 종의 화학물질에 환경호르몬이 숨겨져 있는데 어떤 물질이 어떻게 아이의 신체에 해를 끼치고 어떻게 예방을 할 수 있는지 잘 알고 있어야 환경호르몬의 공포에서 어느 정도 벗어날 수 있을 것이다.

컵라면은 전자레인지에 조리하면 안 된다

요즘은 초등학교 고학년만 되어도 친구들과 삼삼오오 모여 편의점이나 PC방에서 컵라면을 데워 먹는다. 컵라면이라는 즉석 식품에 함유된 각종 첨가물만으로도 아이의 몸이 망가지는데 컵라면을 조리하기 위해서 전자레인지를 작동하는 순간 뿜어져 나오는 환경호르몬을 상상해보라. 컵라면 용기로 주로 사용되는 스티로폼에는 '스티렌 다이머'와 '스티렌 트리머'라는 환경호르몬이 들어 있다. 컵라면에 뜨거운 물을 붓는 통상적인 방법으로는 두 성분이 검출되지 않지만 전자레인지에 넣고 데웠을 때는 두 성분이 녹아 나올 가능성이 크다. 따라서 컵라면을 전자레인지에 넣어 조리하는 것은 피해야 한다.

플라스틱 용기와 일회용 용기의 사용을 피하자

물론 모든 플라스틱 용기에서 환경호르몬이 검출되는 것은 아니지만 플라스틱의 일종인 PVC 제품은 플라스틱 중에서도 유해 가능성이 높다. 그리고 종이컵이나 종이 그릇 등 일회용 제품에서도 비스페놀A라는 환경호르몬이 함유되어 있는 경우가 있다. 따라서 플라스틱 용기나 일회용 용기는 가급적 사용하지 않는 게 좋다.

젖병도 꼼꼼히 살피고 가급적 전자레인지 사용을 피하자

주로 젖병이나 접시, 전자레인지용 식기, 저장용기에 일부 쓰이는 폴리카보네이트에는 비스페놀A라는 환경호르몬이 함유되어 있다. 물론 젖병의 경우 안쪽 면에 코팅이 되어 있어 평소에는 안심하고 사용할 수 있지만 만약 안쪽이 긁혔거나 손상되었다면 안심할 수 없다. 그러니 즉시 바꾸는 것이 좋고 분유도 전자레인지에 데우지 않는 것이 바람직하다.

랩이나 알루미늄 포일도 위험하다

랩의 재료인 디옥신 프탈레이트는 발암물질이며 알루미늄은 복통, 간과 신장 이상 등을 일으키는 독성물질이다. 랩의 경우 100도가 넘지 않는 상태에서 사용할 것을 권하며 지방성분이 많은 식품과의 직접 접촉은 곤란하다. 포

일의 경우 산을 많이 함유한 식품양배추, 토마토 등이 알루미늄의 배출을 도우
므로 이런 식품을 알루미늄 포일로 싸서 장기간 보관하는 것은 피해야 한다.

🎈 장난감은 입에 넣고 빠는 순간 유해물질이 나온다

장난감의 재료인 경질 폴리에틸렌은 상온에서는 환경호르몬을 거의 내지 않
지만 입에 넣고 빨면 문제가 되므로 아이가 장난감을 입에 넣고 빨지 못하도
록 주의시켜야 한다. 또한 장난감을 가지고 놀던 손을 입에 넣고 빠는 것도
위험하다. 한편, 제조국가가 불분명한 장난감 중에는 재생플라스틱을 원료
로 사용한 것도 있으므로 반드시 품질인증이 된 제품을 사용하도록 한다.

🎈 방향제, 공기청정제, 화장지도 골라 쓰자

공기를 깨끗하게 한다는 방향제나 공기청정제 역시 유해물질이 함유된 제품
이 있을 수 있으므로 가능한 자연 청정제인 모과, 탱자, 숯 제품, 식물 등을
사용해야 한다. 한편, 무늬나 향이 있는 화장지는 표백제 등 화학물질이 포
함된 경우가 있으므로 가능한 누렇고 지질이 나빠 보이는 휴지를 사용하는
것이 오히려 건강에 이롭다.

🎈 새로운 교재나 교구는 유해물질을 날려 보내고 사용하자

새로운 교재나 교구는 독성이 강하므로 충분히 환기시켜 유해물질을 날린 뒤 사용하고, 평소 하루 세 번 정도 창문을 열어 집 안팎의 공기를 충분히 환기시키는 습관을 갖자.

습관만 잘 들여도 건강한 키가 보인다

아이의 성장은 아이가 매일 섭취하는 음식이나 생활습관, 환경, 자세 등 여러 복합적인 요인에 의해 좌우된다. 결국 생활 속에서의 작은 습관들이 모여 아이의 성장에 영향을 주어 건강하게 자라게 할 수도 있고 그렇지 못할 수도 있는 것이다. 그래서 평소 올바른 습관을 길들이는 것이 매우 중요하다. 특히 이러한 건강한 생활습관과 태도는 어른이 되어서도 그대로 이어져 내 아이의 평생 건강을 결정짓는다.

🎈 TV 시청, 컴퓨터 게임 등 정적인 활동을 경계하라

요즘은 과거에 비해 혼자 조용히 노는 아이가 늘었다. TV 보급률이 높아져서 아이 방에 따로 TV가 있는 집도 있고, 이젠 가정의 필수품이 되어버린 컴퓨터도 아이의 책상 위에 떡하니 자리 잡고 있다. 집 밖에서도 마찬가지다. 친구들과 어울려 뛰어놀기보다는 휴대전화나 휴대용 게임기로 게임을 하는 아이들이 종종 눈에 띈다. 시끌벅적하게 놀아서 주위에 피해를 줄 일도 없고, 혹시나 다칠까 엄마를 걱정시킬 일도 없다. 그러나 정작 문제는 이런 정적인 놀이문화 때문에 아이들의 신체 활동량이 줄어들면서 아이들의 건강이 위협받고 있다는 사실이다. 우선은 오랜 시간 같은 자세를 유지한 채 컴퓨터나 TV 시청을 하고 있으니 허리, 목 등에 무리가 갈 수밖에 없다. 게다가 움직이지 않으니 활동량이 줄어 칼로리 소모가 낮아지고 이는 곧 비만으로 이어지는 지름길이 된다. 비만, 특히 소아비만은 성장에도 악영향을 끼치지만 나중에 어른이 되었을 때 각종 만성질환의 원인이 될 수도 있다는 점에서 매우 심각한 우려를 낳고 있다.

책상 앞에 앉을 때의 자세도 올바로 길들이자

평소의 잘못된 자세도 전체적인 골격 구조에 영향을 끼친다. 책상 앞에 앉아 있는 자세가 구부정하다든지 다리를 꼬고 앉을 경우 허리나 다리의 성장판에 비정상적인 압력을 가하여 성장판에 좋지 않은 영향을 끼칠 수 있다. 그러니 입학 전 미리 아이에게 앉는 습관을 올바르게 알려주는 것이 좋다. 한번 잘못 들인 습관은 여간해서 고치기 쉽지 않다는 것을 항상 염두에 두어야 한다. 한 가지 자세로 오랫동안 있어야 할 경우에는 잠깐씩이라도 고정된 자세의 반대편 관절이나 근육을 풀어주는 스트레칭을 통하여 관절과 근육의 유연성을 전체적으로 유지해주는 것이 좋다.

성장보조제만 믿지 말고 엄마표 식단을 연구하라

시중에 나와 있는 키를 크게 하는 약이라든지 보약 등에 귀가 솔깃해진 적이 있을 것이다. 사실 아이의 성장을 위해 매일 영양식단을 짜고 요리를 해주고는 싶지만 꽤나 부지런을 떨어야 하는 일. 그래서 아이 몸에 좋다는 약이나 보조식품에 저도 모르게 손이 먼저 가게 된다. 그러나 실제로 키를 크게 하는 보약이나 보조제는 대개 효과도 과학적으로 검증된 경우가 드물뿐더러 이러한 약에 지나치게 의존하다가는 훨씬 더 중요한 건강한 생활습관을 잃게 될지도 모른다. 결국 득보다 실이 더 클 수 있는 것이다. 성장을 원활하게 하고 키를 크게 하기 위해서는 음식을 고르게 먹는 습관을 들이는 것이 제일 중요하다. 영양소를 골고루 섭취하되 그 영양소를 정성이 가득 든 음식으로 섭취하는 것이 가장 바람직하다.

PART 2

키 쑥쑥
뼈 튼튼하게
키우는

성장발육법

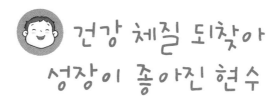
건강 체질 되찾아 성장이 좋아진 현수

작년 봄 병원을 내원한 현수는 9세의 남자아이로 키는 131센티미터 정도로 또래 친구들보다 작은 편이었고 몸무게는 41킬로그램으로 다소 비만체형이었다. 현수 엄마는 현수의 작은 키와 비만을 걱정하며 특별한 질병은 없는지, 그다지 많이 먹는 것 같지도 않은데 왜 자꾸 살이 찌는지, 그리고 현수가 또래 아이들의 키를 따라 잡으려면 어떻게 해야 하는지를 궁금해 했다.

다행히 현수는 진료 결과 특별한 질병은 없었다. 그리고 성장판 검사 결과 역시 정상이었고 성장호르몬, 갑상선 호르몬 등의 내분비 검사도 정상 범위에 속했다. 그러나 현수의 평소 생활습관을 알기 위해 실시한 설문 조사 결과 아래의 문제점이 발견되었다.

🎈 운동을 특별히 싫어하는 성격은 아니나 TV를 즐겨 보고 움직이기를 꺼려한다.

🎈 음식은 가려서 먹지는 않지만 다소 과식을 하는 편이고, 특히 인스턴트 음식을 즐겨 먹는다.

　현수는 평소의 생활습관과 현재의 키, 몸무게의 상태로 보아 잘못된 식습관과 운동 부족으로 인한 비만 증세가 있었고 이로 인한 저신장증이 의심되었다. 이런 생활습관이 앞으로 계속된다면 키도 더디게 자랄뿐더러 어른이 되어서도 각종 성인병의 원인이 될 것임을 현수 엄마께 설명했다.

　현수에게는 지금 자신이 비만한 이유가 생활습관과 관련이 있음을 설명하고, 이러한 비만 증상이 우리 몸에 미치는 나쁜 영향에 대해 자세히 설명을 해주었다. 현수는 잔뜩 긴장하여 설명을 듣더니 어떻게 하면 살을 뺄 수 있는지 물었다. 그래서 살을 빼고 친구들처럼 키가 크기 위해선 건강한 생활습관이 매우 중요하다고 알려주었다. 그리고 동시에 체질 개선을 위한 DISSEN 프로그램에 맞춘 생활습관을 권해주었다.

🎈 TV 보는 시간을 최대한 줄이고 하루 최소 30분 이상 운동을 한다. 현재의 몸 상태로 보아 처음부터 무리한 운동을 하기보다 가벼운 줄넘기 500회부터 시작하도록 하고 운동시간은 가능한 해가 남아 있는 오후 4시경 안에 한다.

🎈 주말에는 가족들과 운동장에서 땀을 흘릴 정도로 다소 힘든 농구나 축구를 약 한 시간 정도 한다.

- 운동 전 부상을 방지하고 근육의 유연성을 기르기 위해 반드시 10분 정도의 스트레칭 운동을 미리 한다.

- 가까운 학원은 가능한 걸어서 가고 계단 3층 정도는 걸어서 오른 후 엘리베이터를 탄다.

- 식사는 현수가 좋아하는 햄버거나 피자와 같은 인스턴트 음식을 줄이고 단백질 및 야채 위주의 균형 있는 식사를 한다.

- 흰 쌀밥보다는 잡곡을 먹고 현수가 먹기 힘들어 하는 곡류나 채소류는 선식으로 만들어 먹인다.

- 간식도 시간과 양, 종류를 미리 정해놓고 먹는다.

다행히 현수가 프로그램을 잘 따라줘 처방 2개월 후, 몸무게는 2킬로그램이 줄어들었고 키도 서서히 자라 132.5센티미터가 되어 내원했다. 처방 2개월 동안 운동하는 습관과 음식습관이 어느 정도 몸에 밴 덕분에 현수 엄마는 이제 힘들이지 않고도 현수를 날씬하고 키 큰 아이로 만들 자신이 있다며 흐뭇해 했다. 현수는 그 후로도 꾸준히 잘 따라주었으며, 처방 1년 뒤엔 몸무게가 6킬로그램이나 줄어 34킬로그램이 되었고 키도 평균치보다 큰 137.5센티미터가 되었다. DISSEN 프로그램을 권한 후 1년 만에 6.5센티미터의 키 성장이 이뤄져 만족할 만한 결과를 얻었으며 무엇보다 현수의 생활습관이 변해 건강한 체질로 개선되었다는 점이 더 의미가 있었다.

❤️ DISSEN 치료 후 현수의 성장곡선

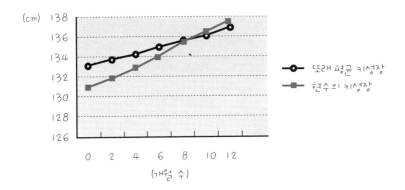

현수뿐 아니라 대부분의 아이들도 이렇게 생활습관을 개선하면 성장이 나아질 수 있다. 약을 먹은 것도 호르몬 주사를 맞은 것도 아니지만 성장을 방해하는 환경적 요인을 없애면서 눈에 띈 결과를 얻을 수 있다는 것을 보여준 사례라 하겠다.

이제부터 이렇게 현수를 변화시킨 방법에 대한 설명을 시작하겠다.

 **다이어트**

성장을 방해하는 얄미운 비만을 잡자

살이 찌면 키가 잘 자라지 않는다고?

'비만은 키가 크는 것을 막는 제일 큰 적'이라고 한다. 키로 갈 영양소를 살로 보내서 그런가? 그렇다면 더 열심히, 더 많이 먹어주면 '키도 쑥쑥, 뼈도 튼튼'이 되지 않을까?

갈수록 튼실해지는 아이를 바라보며 한숨을 푹푹 내쉬니 동네 할머니께서 그러신다.

"걱정 말고, 잘 먹을 때 실컷 먹여. 먹여두면 죄다 키로 갈 거야."

귀가 솔깃해진다. 그렇잖아도 먹성 좋은 녀석을 어떻게 다이어트 시켜야 할까 난감했었는데 얼마나 반가운 말씀인지 모르겠다. 그래서 아이에게 자신 있게 말한다.

"많이 먹어. 그 살이 나중엔 다 키로 간대."

그런데 어딘지 모르게 찝찝하다. '비만은 만병의 근원'이라는 말도 있는데 정말 저대로 놔둬도 괜찮을지, 저 살들이 다 키로 가긴 하는 건지 반신반의다.

뭐든 잘 먹으면 키도 쑥쑥 몸도 튼튼 아닐까라고 생각하는 엄마들이 많다. 여기서 한 가지 짚고 넘어가야 할 것은 몸은 '튼튼'해야지 '통통' 해야 하는 게 아니라는 것이다.

'살이 찌면 키가 잘 자라지 않는다'는 말은 얼핏 보면 수긍하기 힘든 말이다. '영양을 많이 섭취하는데 왜 키가 크지 않냐고?' 그러나 키와 뼈, 성장호르몬, 비만, 성호르몬의 관계를 이해한다면 '아!' 할 일이다.

지방을 태우느라 바쁜 성장호르몬

성장에 필수적인 성장호르몬은 아이를 자라게 하는 일뿐만 아니라 지방을 태우는 일도 한다. 그런데 비만이면 성장호르몬이 지방을 태우는데 집중적으로 쓰이게 되니 성장이 더딜 수밖에 없다. 남들은 조금이라도 더 키워보겠다고 비싼 돈을 들여가며 성장호르몬 주사까지 맞는다는데 내 아이의 성장호르몬은 지방을 태우기에 바쁘다니 이건 있을 수 없는 일이다.

지방을 태우느라 바쁜 성장호르몬을 내 아이의 성장에 집중시키자! 그러기 위해서는 내 아이의 몸에 넘쳐나는 지방을 정리해줄 필요가 있다. 다이어트를 통해 살을 빼기만 하면 지방을 태우느라 바빴던 성장호르몬을 아이의 성장에 집중시킬 수 있기 때문이다. 이때 무작정 몸무게를 줄이기보다는 유산소운동으로 근육이 아닌 지방을 줄여주는 다이어트가 효과적이다. 비만 탈출은 날씬한 몸매로의 귀환뿐만 아니라 건강한 '키 쑥쑥'이 될 수 있는 지름길이기도 하다.

성장호르몬의 분비를 높이기 위해 수면시간을 조절하고 생활습관을 바꾸는 것도 물론 중요하지만 내 몸 안의 성장호르몬을 얼마나 효율적으로 활용하느냐가 더 중요하다.

비만은 성호르몬 분비를 자극한다

요즘 아이들은 영양 상태가 좋아서인지 초등학교 고학년이 되면 벌써 사춘기의 징후가 나타난다. 사춘기는 '삐뚤어질 테야!'라는 반항적인 성향을 드러내는 것 외에도 아이들의 신체적 변화도 함께 가져온다. 이러한 아이들의 신체적 변화를 담당하는 게 바로 성호르몬이다. 성호르몬은 여자아이를 여성스럽게, 남자아이를 남성스럽게 변화시키는 호르몬을 말하는데 여자아이는 가슴의 발달과 초경, 남자아이는 변성기와 수염 등 사춘기의 특징을 드러나게 한다.

그저 엄마들 세대보다 좀 더 빨리 성숙해지는 게 뭐가 나쁜가라고 생각할 수도 있겠지만 성호르몬과 성장호르몬의 관계를 이해한다면 마냥 마음 편하게 있을 수만은 없는 일이다.

사실 성호르몬과 성장호르몬은 밀접한 관계가 있지만 그다지 사이가 좋은 관계는 아니다. 왜냐하면 성호르몬이 성장호르몬의 효과를 떨어뜨리기 때문이다.

아이들이 자라는 속도를 잘 관찰해보면 이차성징이 나타나면서부터 키 성장이 급격하게 줄어든다는 것을 알 수 있다. 즉, 한창 커야 할 내 아이가 사춘기로 접어들어 성호르몬이 분비되면서 마침내 키 성장을 멈추어버린다는 말이다. 평균적으로 남자아이보다 여자아이들이 2~3

년 정도 성호르몬이 더 빨리 분비되는 경향이 있는데 여자아이들은 초경 이후로 키 성장 속도가 눈에 띄게 줄어든다. 그렇다면 어떻게든 성호르몬이 분비되는 속도를 늦추어 내 아이가 조금이라도 더 클 수 있도록 시간을 벌어야 한다.

성호르몬의 분비를 늦추려면 성호르몬과 지방의 관계를 이해할 필요가 있다. 바로 과다하게 쌓인 지방은 성호르몬의 분비를 자극시키는 역할을 한다는 것이다. 비만인 아이들이 이차성징이 빠른 것도 그런 이유이다. 따라서 운동과 식사조절을 통해 내 아이의 지방을 줄여주는 것만으로도 키가 자랄 수 있는 시간을 벌어줄 수 있다.

넘치는 영양은 모자람만 못하다

왜 요즘 아이들은 유치원 때부터 '키 쑥쑥, 뼈 튼튼'을 외쳐대는 것일까? 뭐든 남보다 앞서려고 하는 엄마들의 치맛바람이 아이들의 성장에까지 '조기'와 '선행'을 부추기는 것일까?

거슬러 올라가 엄마들 세대를 생각해보면 초등학교 때는 그다지 크지 않았더라도 중학교, 고등학교 때 부쩍 키가 크는 경우가 흔했다. 그래서인지 어르신들의 '클 때 되면 큰다'는 말에 대부분 고개를 끄덕였다. 그런데 요즘은 그 '클 때 되면 큰다'는 말을 믿었다가는 큰코다치는 경우가 많아졌다.

요즘 아이들은 예전의 엄마들 세대와 비교할 때 성숙한 편이다. 초경을 생각해보라. 대부분의 엄마들이 중학교 2학년 전후에 초경을 시작한 것에 비해 요즘 아이들은 그보다 3~4년이 빨라진 초등학교 5학년 전후에 경험한다.

앞서 사춘기 신체 변화를 일으키는 성호르몬이 아이들의 성장을 돕는 성장호르몬의 효과를 떨어뜨린다고 했다. 이 말은 성호르몬이 성장판을 딱딱한 뼈와 같은 조직으로 만들어 더 이상의 길이 성장을 못하게 만든다는 뜻이다. 즉 성장판을 닫히게 하는 결과를 가져온다.

여기서 성장판이란 단어에 주목해보자. "성장판이 열려 있어야 키가 자란다"는 말을 들어봤을 것이다. 키가 자라는 것은 뼈와 뼈 주위를 둘러싼 근육의 길이 성장의 결과인데 뼈와 뼈 주위의 근육은 아무 곳에서나 쭉쭉 자라는 것이 아니다. 성장기 아이의 뼈 중 팔이나 다리의 양 끝부분에 있는 성장판에서만 이뤄진다. 이 성장판은 뼈세포를 스스로 만들어내어 뼈의 길이를 늘여주는 아주 기특한 녀석이다. 결과적으로 키가 자라게 하는 곳이 성장판이라고 보면 된다.

결국, 넘치는 영양은 내 아이 몸에 지방 덩어리를 쌓이게 만들고 지방 덩어리는 성호르몬의 분비를 자극한다. 그리고 이러한 성호르몬의 분비는 성장호르몬을 방해하고 성장판을 일찍 닫히게 하여 내 아이의 성장을 STOP 시키는 것이다. 실제로 여자아이 같은 경우 초경이 시작되고 2년이 지나면 성장이 멈춘다고 보면 된다.

참고로 교육인적자원부의 자료에 의하면 해마다 계속 증가하던 중고

생들의 평균키가 2005년도에 최초로 줄었다는 통계가 나왔는데 그 원인으로 비만을 들고 있다.

오동통 귀여운 내 아이가 소아비만?

아이가 걷기 시작하여 활동량이 급격하게 늘어나는 3세 이상부터는 살이 찌는 것에 주의를 기울여야 한다. 늘어난 활동량에도 불구하고 통통한 체형이 유지된다면 소아비만을 의심해볼 수 있기 때문이다. 소아비만은 보통 만 5세에서 성장이 멈추는 13세까지 아동의 비만을 말하는 것으로 체성분검사상 체지방률이 30퍼센트를 넘어가거나, 체질량지수가 30 이상이 나오면 소아비만으로 판정한다.

$$체질량지수 = \frac{체중}{[신장(m)]^2}$$

20~25 정상
26~29 과체중
30~40 비만
41 이상 고도비만

"왜? 귀엽고 예쁘잖아. 오동통한 게 얼마나 좋냐!"

흔히 엄마들은 내 아이가 소아비만인 것을 인정하지 않으려는 경향이 있다. 그저 나 보기에만 예쁘면 그만이란 식이다. 그러나 소아비만은 단지 외형상의 문제가 아니다. 소아비만은 성인의 비만과 비교해볼 때 건강상으로 그 심각성이 더 크기 때문에 주의를 기울여야 한다. 소아비만을 그냥 방치해두면 고혈압, 소아당뇨와 같은 수많은 합병증이 조기에 나타날 수 있고 키 성장 저하, 관절과 척추의 변형도 초래할 수 있다. 실제로 고도 비만아 10명 중 8명은 합병증이 하나 이상 있다고 하니 이 얼마나 심각한 일인가.

또한 소아비만은 자신의 외모에 대한 열등감을 갖게 해 아이의 마음에 상처를 입히기도 한다. 이로 인해 비사교적이고 소극적인 생활 태도와 우울증 등도 겪게 만든다. 따라서 소아비만은 하나의 질병으로 인식되어야 하며 누구보다도 아이의 밥상을 차리는 엄마와 가족들이 함께 나서서 생활태도를 바로잡아 주어야 할 문제다.

그 무엇과도 바꿀 수 없는 귀한 내 아이가 아닌가. 아이를 사랑하는 표현이 아이가 원하는 햄버거와 피자를 사 주는 것이 되어서는 안 된다. 아무리 '부모가 가장 행복할 때는 내 아이 입에 밥 들어갈 때'라지만 진정 내 아이를 사랑한다면 좋은 음식을 적당히 먹일 줄 아는 지혜가 필요하다.

소아비만은 시한폭탄!!

어릴 때 통통했던 아이가 커서도 통통한 경우가 적지 않다. 어릴 때 살이 찌는 것은 지방세포의 '수'가 늘어나는 것이다. 이것은 지방세포의 '부피'가 커지는 성인의 비만과는 매우 다른 현상이다. 성인의 비만은 커진 지방세포를 운동이나 식이요법을 통하여 그 부피를 줄이면 해결되지만 아이들의 비만은 다르다. 한 번 늘어난 지방세포의 수는 다이어트를 하더라도 그 수를 줄이기가 쉽지 않기 때문이다.

다이어트를 하면 풍선에서 바람이 빠지듯 지방 주머니에서 지방이 빠져나가 날씬한 몸매가 된다. 그러나 눈에 보이는 지방의 부피만 줄 뿐 지방세포 자체가 사라지는 것은 아니다. 우리가 흔히 말하는 '요요현상'이 일어나는 것도 사라지지 않는 지방세포 때문이다. 소아비만은 나중

에 다시 살을 찌우기 위한 공간이 이미 준비되어 있는 것이므로 언제라도 살을 왕창 찌우게 할 잠재력을 지니고 있는 시한폭탄 같은 것이다.

실제로 소아비만이 성인비만으로 이어질 확률은 60~80퍼센트로 매우 높은 편이다. 그러므로 이 시기에 미리 예방을 하여 지방세포의 수가 늘어나지 않게 하는 것이 매우 중요하다. 그렇다면 내 아이의 건강을 해치고 성장을 방해하는 비만을 막기 위한 방법은 어떤 것이 있을까?

무턱대고 열량을 조절하는 방법은 자칫 잘못하면 아이의 성장이나 신체 기능에 나쁜 영향을 미칠 수도 있다. 따라서 건강하고 올바른 다이어트로 성장을 뒷받침해주는 것이 가장 중요하다고 볼 수 있다.

섭취 칼로리를 줄여라!

초등학교 4학년인 연수는 학원에서 돌아와 가방을 던져놓기 바쁘게 과자 한 봉지를 집어 들고서 컴퓨터 앞에 앉는다. 어느새 야금야금 한 봉지를 다 해치운 연수는 다시 냉장고를 뒤져 아이스크림 하나를 후다닥 먹어치운다. 옆에서 지켜보는 엄마는 "허걱!" 소리가 나온다. "먹지 마!"라고 외치려니 지쳐 돌아온 아이에게 너무 야박한 게 아닌가 싶어 한걸음 물러설 수밖에 없다.

연수처럼 과자나 아이스크림을 간식으로 달고 지내는 아이들이 많다. 엄마는 웰빙을 외치며 과일이나 전통 먹거리를 간식으로 내놓지만 이미 달콤하고 자극적인 맛에 길들여진 요즘 아이들은 유독 건강식 앞에서만은 고개를 내젓는다.

비만아들의 하루 섭취 칼로리를 체크해보면 짬짬이 간식으로 섭취되는 칼로리가 예상 외로 높음을 알 수 있다. 아이들의 가장 만만한 간식거리인 과자 한 봉지의 칼로리가 대략 400~500이니 이것은 밥 두 공기에 맞먹는 칼로리다. 결국 앉은 자리에서 후다닥 밥 두 공기를 먹어치우는 셈이다.

비만의 원리는 간단하다. 소모하는 칼로리에 비해 섭취하는 칼로리가 높은 경우 우리 몸은 그것들을 지방 덩어리로 차곡차곡 저장해두며 비만이 되는 것이다. 비만의 원리가 간단하듯 비만을 탈출하는 원리도 의외로 간단하다. 비만의 원리를 역으로 공략하여 섭취 칼로리는 '마이너스', 소모 칼로리는 '플러스' 작전을 쓰는 것이다.

그렇다고 해서 무작정 섭취 칼로리를 줄이는 것은 '건강한 다이어트' 라고 할 수 없다. 자칫 잘못하면 아이의 성장이나 신체 기능에 나쁜 영향을 미칠 수도 있기 때문이다.

칼로리는 높으면서 영양가는 낮은 '도움이 안 되는 간식'을 추려내는 엄마들의 지혜가 필요하다. 다행히 요즘은 대부분의 과자나 아이스크림, 음료수 등에 칼로리와 영양소가 표기되어 나와 수고로움을 덜어준다. 하지만 이런 것들도 일일이 체크하기가 번거롭다면 과자나 음료, 아이스크림의 평균 칼로리를 기억해두는 것도 좋다. 예를 들면 과자류는 100그램당 약 450~500킬로칼로리, 음료수는 100밀리리터당 약 50킬로칼로리, 아이스크림은 100그램당 약 150킬로칼로리라는 것을 알아두고 적절한 선에서 'STOP!'을 외쳐주는 것이다.

그러나 너무 갑작스럽게 간식을 줄여버리면 아이들이 거부할 수 있으니 무조건 먹지 못하게 하기보다는 적당히 만족스러운 선으로 타협을 보는 게 좋다. 하루 간식으로 섭취 가능한 칼로리를 정해놓고 엄마표와 아이표가 고루 섞인 간식식단을 짜두자. 이것은 우리 아이들의 입맛을 점점 엄마표 간식에 길들이는 좋은 방법이기도 하다.

소모 칼로리를 늘려라!

아파트에 사는 아이들이 늘고 방과 후 학원에 다니는 시간이 늘어나면서 아이들의 생활 패턴도 부모들 세대와는 많이 달라졌다.

"요즘 애들은 너무 안된 것 같아. 우리 땐 학교 갔다 오면 친구들이랑 어울려서 고무줄놀이나 야구, 축구 같은 거 하면서 놀기 바빴는데 말이야……."

"그러게, 요즘 애들은 학원 다니느라 놀 시간도 없잖아. 학원 갔다 오면 벌써 어둑해지는데 누가 밖에서 노니? 기껏해야 컴퓨터나 붙잡고 게임이나 하지."

예전과 비교할 때 요즘은 확실히 아이들이 뛰어놀 수 있는 시간이나 공간이 크게 줄어들었다. 또한, 먹는 음식 역시 고칼로리의 기름진 음식이나 인스턴트 음식, 과자류가 대부분인지라 섭취와 소모의 칼로리 균형이 맞지 않아 아이들이 비만이 될 가능성이 높아졌다. 게다가 컴퓨터 게임, 인터넷 등 움직이지 않고 가만히 앉아서 혼자 즐길 수 있는 놀이문화가 발달하면서 운동 부족으로 인한 비만아는 점차 늘고 있는 실정이다.

요즘 아이들이 흔히 말하는 '왕따'의 요건 중 비만아가 포함된다는 것을 굳이 말하지 않더라도 다들 잘 알 것이다. 그러니 내 아이의 건강을 위해서라도 비만 탈출은 꼭 필요하다.

앞서 말한 섭취 칼로리를 줄이는 것과 더불어 소모 칼로리를 늘리는 것도 비만 예방에 필수적이다. 소모 칼로리를 늘리기 위해서는 무엇보다도 규칙적인 운동과 일상생활에서의 활동량을 늘려주는 것이 중요하다. 다이어트를 위해서는 땀이 뻘뻘 흐르는 무리한 운동보다 등에 땀이 촉촉하게 배어 나올 정도의 가벼운 조깅이나 자전거 타기, 계단 오르기나 수영 같은 비교적 가벼운 운동을 규칙적으로 꾸준히 하는 것이 가장 이상적이다. 아이 혼자서 이러한 운동을 하기 힘들어 하거나 귀찮아 한다면 습관이 잡힐 때까지는 가족이 함께 해주는 방법도 좋다.

건강하고 올바른 다이어트로 아이의 숨은 키를 찾아내기 위해서 가장 중요한 것은 엄마의 노력이다. 아이들은 스스로 통제하고 조절하는 능력이 부족하다. 그래서 '보호자'의 도움이 필요한 것이다. 소아비만의 원인을 살펴볼 때 환경적 요인이 크게 작용한다는 것만 보아도 주위의 협조가 얼마나 중요한지 알 수 있을 것이다.

잘못된 다이어트가 우리 아이 잡는다!

어른이 하기에도 만만치 않은 다이어트를 어린아이가 해내기란 쉽지 않다. 특히 성장기의 무리한 다이어트는 자칫 잘못하면 아이의 성장에 역효과를 줄 수 있으므로 많은 주의를 필요로 한다.

무리한 식사조절은 바람직하지 않다
아이가 살이 찌게 된 구체적인 원인을 파악하지 않고 무턱대고 몸무게를 줄인다고 갑자기 식사량을 줄이는 등 다이어트를 필요 이상으로 심하게 하는 경우가 더러 있다. 이런 무리한 식사조절은 성장에 필요한 필수적인 영양소를 섭취하지 못하게 해 오히려 키를 작게 하거나 집중력을 떨어뜨려 공부하는 데까지 지장을 줄 수 있다.

🎈 다이어트 약은 위험하다

단기간에 살을 빼고자 하는 욕심으로 성인에게 처방되는 다이어트 약을 아이에게 먹이는 부모가 있는데 이는 아주 위험한 일이다. 그런 종류의 약은 안전성이 불분명하고 장기간 복용 시 예기치 못한 부작용을 일으킬 수도 있으므로 의사의 처방 없이 먹는 것은 피해야 한다.

🎈 식사를 거르는 것은 오히려 역효과가 난다

보통 입맛이 없어 아침을 거르는 아이들이 많다. 그런데 이렇게 아침식사를 거르게 되면 우리 몸은 항상성을 유지하기 위해 점심이나 저녁식사를 많이 먹게끔 유도한다. 설령 의식적으로 점심, 저녁을 적게 먹더라도 섭취된 영양분을 모두 체내에 저장하려는 경향이 있기 때문에 아침을 거르는 것은 비만 예방에 효과적인 방법이 아니다.

🎈 사우나는 지방이 아니라 수분을 줄인다

비만인 아이를 데리고 사우나로 향하는 엄마나 아빠들이 더러 있다. 사우나에서 땀을 쫙 흘리고 나면 몸무게가 줄기 때문에 다이어트 효과가 있다고 생각한 탓이다. 그러나 사우나에서 흘리는 땀은 수분 배출을 통해 일시적으로 저울의 눈금을 줄이는 것일 뿐 체지방을 연소시키지는 않기 때문에 아무런 효과가 없다.

🎈 지나친 강도의 운동은 오히려 해가 된다

모든 운동은 그 강도와 시간을 조절하지 못하면 오히려 해가 될 수 있다. 특히 성장기 아이들의 무리한 운동은 골절이나 성장판 손상 등으로 이어져 장기간의 활동장애나 심지어는 팔다리 길이가 짧아지는 문제를 발생시킬 수 있다.

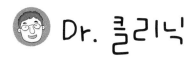
Dr. 클리닉

칼로리 소모 팍팍 늘려주는 생활습관

일상생활에서 습관만 잘 들이면 크게 힘들이지 않고도 살이 찌지 않는 체질로 만들 수 있다. 칼로리 소모를 팍팍 늘려주는 생활습관에는 공통점이 있다. 몸을 편안하게 놔두지 않고 조금은 불편한 듯하게 근육을 긴장시키는 것이다. 익숙해지면 비만에서 좀 더 빨리 탈출할 수 있을 뿐만 아니라 어른이 되어서까지 힘들이지 않고 건강하고 날씬한 몸매를 유지할 수 있다.

✚ 발뒤꿈치를 들고 움직여라

칼로리 소모를 높이는 걸음걸이가 있다. 발바닥을 붙이고 걷는 것보다 발뒤꿈치를 들고 걷는 쪽이 몸무게가 많이 실리기 때문에 칼로리 소모량이 높다. 평소에 이런 걸음걸이가 부담스럽다면 책상에 앉아 있을 때, 버스나 지하철을 기다리면서 우선 발뒤꿈치를 드는 습관부터 들이자.

✚ 빨리 걸어라

천천히 걷는 것보다 조금 빨리 걷는 것이 칼로리 소모가 높다. 평소보다 보폭을 늘려 1.5배 정도 빠르게 걸어보자. 50킬로칼로리는 거뜬히 더 소모할 수 있다. 경쾌한 음악을 들으며 걷는 것도 빨리 걷기에 좋다.

✚ 숨은 코로 들이쉬고 입으로 천천히 내뱉자

숨을 쉬는 것도 방법에 따라 칼로리 소모가 다르다. 코로 들이쉬고 입으로 천천히 내뱉는 복식호흡은 몸 안에 산소를 공급해 지방을 태우고 칼로리 소모를 높이는 데 효과적이다.

✚ 소리 내어 책을 읽어라

말하는 것은 의외로 칼로리 소모량이 높다. 책을 읽을 때 묵독을 하는 것도 좋지만 가끔은 큰 소리로 책을 읽어도 좋다. 기분도 밝아지고 칼로리 소모도 늘어나서 저절로 다이어트가 된다.

✚ 물은 하루 1.5~2리터를 마셔라

물은 칼로리가 없으면서 일시적인 포만감도 준다. 그리고 무엇보다 변비 예방과 신진대사를 활발하게 하여 몸속의 노폐물을 몸 밖으로 쉽게 내보내면서 다이어트의 효과를 볼 수 있다.

✚ 바른 자세로 TV를 봐라

편안하게 눕거나 엎드려서 TV를 보는 것보다 바른 자세로 앉아서 보는 것이 1.5배 칼로리 소모가 높다. 그리고 채널을 바꿀 때도 리모컨을 사용하는 것보다 직접 움직여 손으로 바꾸는 것이 두 배 정도 칼로리 소모가 높다.

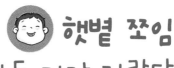

햇볕 쪼임
햇볕만 잘 쬐어도 키가 자란다

비타민 D가 키를 크게 한다?

"아니, 칼슘이 키를 크게 한다는 말은 들어봤는데, 비타민 D도 키를 크게 한다구? 좋아! 기다려."

또래보다 한 주먹이나 작은 아이의 키를 걱정하던 엄마는 당장 약국으로 달려가 종합 비타민제 한 통을 사 들고는 흐뭇한 미소를 짓는다.

뼈의 성장에 영향을 미치는 각종 영양소 중 비타민 D는 상당히 중요한 역할을 한다. 음식물의 형태로 우리 몸에 들어온 칼슘 성분을 장에서 흡수하기 위해선 비타민 D가 필수적이기 때문이다. 즉 비타민 D는 키의 성장에 직접적인 영향을 미치지는 않더라도 칼슘을 몸에 흡수시키는 든든한 조력자 역할을 한다. 이러한 비타민 D를 섭취할 수 있는 음식으로는 가자미, 고등어, 생선간유, 말린 표고버섯, 정어리, 난황 등이 있다.

그렇다면 칼슘의 흡수를 돕는 비타민 D를 많이 섭취하는 게 키를 더욱 크게 하는 방법일까? 충분한 양의 비타민 D가 뼈의 형성에 좋긴 하지만 일부러 과다한 양의 비타민 D를 아이에게 먹일 필요는 없다. 비타민은 아무리 많이 섭취해도 우리 몸에 필요한 만큼만 흡수되고 소변으로 빠져나가기 때문이다.

공짜닷! 햇볕 비타민 D

돈 안 들이고 비타민 D를 얻는 방법이 있다. 바로 햇볕을 쬐는 것이다. 햇볕 좋은 날 가벼운 산책을 하는 것만으로도 비타민 D가 생긴다니 이 얼마나 경제적인가!

햇볕은 우리 몸에 필요한 양만큼의 비타민 D를 체내에 저절로 생겨나게 한다. 비타민 D가 실제 칼슘 흡수에 이용되려면 피부에 저장된 비타민 D 전구체의 활성화가 필요한데 이때 자외선이 활성화에 필요한 역할을 하는 것이다. 만약 성장기에 접어든 아이가 너무 실내에서만 지내 적절한 햇볕을 받지 못하면 활성 비타민 D가 부족하게 되어 칼슘 섭취를 아무리 많이 하더라도 장내 흡수가 잘되지 않아 골격 성장에 방해를 받게 된다.

'하늘 향해 두 팔 벌린 나무들같이, 무럭무럭 자라나는 나무들같이'라는 노랫말처럼 사람이나 나무나 무럭무럭 자라려면 하늘을 봐야 한다. 영양 섭취를 골고루 하는 것도 중요하지만 이렇게 섭취된 영양분을 활성화하여 실제 뼈 성장에 도움이 되는 영양소로 바꾸기 위해선 하루에 최소한 10~15분 정도 햇볕을 쬐는 게 필수이다.

햇볕을 쬐면 기분도 UP!

아이의 기분이 우울하다면 햇볕을 쬐게 하라. 햇볕은 비타민 D를 만들어 우리의 몸을 건강하게 지켜주기도 하지만 세로토닌Serotonin, 사람의 기분을 조절해 밝게 만들어주는 호르몬의 일종의 활성도를 높여 우울증을 치료하는 효과도 있다. 실제로 미국의 한 대학에서 실험을 한 결과 우울증의 약물치료 효과가 50~60퍼센트인 반면 햇볕을 쬐이는 방법은 70퍼센트의 치료 효과를 보였다고 한다.

- 활동량이 많은 것도 아닌데 늘 피곤하고 힘들어 한다.
- 깊은 잠을 못 자고 뒤척인다.
- 우울하거나 예민한 성격이다.
- 칼슘을 충분히 섭취하는 데도 뼈 성장이 더디다.

　위의 내용은 우리 몸에 햇볕이 부족하면 일어날 수 있는 현상들이다. 내 아이가 이 같은 증상을 보인다면 햇볕처방을 받으러 나가보자. 외출을 꺼리고 온종일 컴퓨터와 TV에 빠져 예민해진 우리 아이들을 데리고 산책을 나가자. 신선한 공기와 밝은 햇볕을 쬐여주는 것만으로도 아이에게 건강한 신체와 정신을 줄 수 있다. 단, 장시간의 햇볕 쬐임은 오히려 피부에 해가 될 수 있으니, 적당량만 쬐도록 유의하자.

몸의 기초 뼈를 알면 성장이 보인다

예쁜 집을 짓기 위해선 기초공사가 튼튼해야 하듯이 건강하고 예쁜 아이로 키우기 위해선 우리 몸의 기초가 되는 뼈와 관절이 튼튼해야 한다. 우리 아이의 기초공사가 잘되어 가는지를 부모는 아이의 몸을 관찰하며 알 수 있다. 이때 뼈나 관절의 기본 구조를 알아두면 내 아이의 뼈 건강 상태를 짐작하기가 더욱 쉬워진다.

어른과 마찬가지로 아이들의 뼈도 총 206개로 이루어져 있다. 대신 아이들의 뼈는 어른에 비해 유연하고 연골로 덮여 있다. 물론 기본적인 구조와 기능은 어른과 크게 다르지 않다.

뼈는 우리의 몸 중 가장 단단한 조직으로 사람의 형태를 유지하여 키가 크게 하고 심장이나 뇌 등 우리 몸에 꼭 필요한 주요 장기를 보호해 준다. 또한 근육과 함께 팔이나 다리를 움직이게 하여 아이들이 걸어 다니거나 뛰어놀 수 있게 하고 물건을 잡거나 글씨를 쓸 수 있게 하는 등 여러 가지 중요한 기능을 한다.

뼈도 피부세포와 마찬가지로 계속해서 새로 만들어지고 흡수되는 과정이 반복되는 살아 있는 조직이라고 할 수 있다. 즉 우리 몸은 필요에 따라 끊임없이 새로운 뼈가 생성되고 흡수되는 과정을 거쳐 일정한 모양의 골격으로 완성되는 것이다.

아이들의 뼈는 성장 과정에서 길어지고 단단해진다. 성장판은 모든 뼈의 끝부분에 자리잡고 있으며 연골조직으로 이루어져 있다. 이 연골

조직이 점차 단단한 뼈세포로 변하는 과정에서 뼈가 길어지는데, 여기서 뼈가 길어지는 것의 결과로 키가 크게 되는 것이다. 아래는 뼈가 자라는 모습을 나타낸 그림이다.

💙 성장판에서 뼈가 생겨 자라는 모습

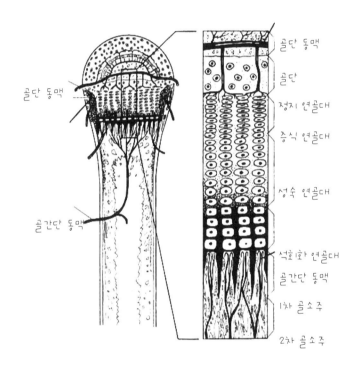

골단 동맥
골단 동맥
골단
정지 연골대
증식 연골대
성숙 연골대
석회화 연골대
골간단 동맥
골간단 동맥
1차 골소주
2차 골소주

정지 연골대에서 세포 분열이 일어나 증식 연골대가 되고, 굳기가 더해질수록 성숙 연골대, 석회화 연골대로 진행된다. 이 과정에서 칼슘이 침착되어 뼈가 자라게 된다.

성장판도 위치에 따라 성장 비율이 다르다

아이들의 뼈 구조를 살펴보면 팔과 다리 등 길쭉한 뼈 끝부분에 부드러운 연골 부분인 성장판이 있어 활발하게 뼈세포를 만들어내는 것을 알 수 있다. 성장판 부위는 많은 산소를 필요로 하며 세포의 증식 활동과 혈액순환이 활발한 곳이다. 이 부위는 외상에 매우 민감한 곳으로 심하게 다치거나, 혹은 염증으로 성장판의 일부에 손상을 입으면 성장 장애를 일으켜 팔이나 다리가 휘거나 짧아질 수도 있다. 따라서 지나치게 과격한 운동 등으로 성장판이 손상을 입지 않도록 유의해야 한다.

💜 성장판 위치에 따른 성장 비율

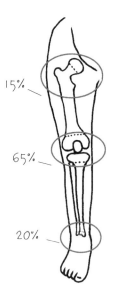

성장판도 그 위치에 따라 성장 비율이 조금씩 다르다. 예를 들면 다리의 경우 엉덩이 관절에 가까운 성장판에서 약 15퍼센트 비율로 엉덩이뼈가 성장하고, 무릎에 가까운 성장판에서 65퍼센트, 발목 부근의 성장판에서 20퍼센트의 성장이 일어나게 된다. 무릎 부근의 성장판에서는 다리길이의 총 65퍼센트가 자라는데 1년에 평균 2~2.5센티미터 정도가 성장하는 셈이다. 따라서 늘씬한 롱다리를 원한다면 무릎 부위의 성장판이 충분히 자극될 수 있는 수직운동이나 스트레칭 체조를 자주 해주면 좋다. 그 외 고관절엉덩이 관절에서 약 0.6~0.8센티미터가 자라고 발목 부근의 성장판에서 약 0.7~0.8센티미터가 자라게 된다.

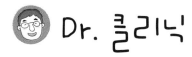# Dr. 클리닉

알아두자 햇볕처방

＋ 늦게 자는 올빼미형 아이에겐 햇볕을 쬐게 하라

겨울로 접어들수록 늦잠 자는 아이들이 늘어난다. 짧아진 해가 수면에 영향을 미치기 때문이라는데 낮 시간에 햇볕을 쬐게 해보자. 아이들이 잠자리에 드는 시간을 앞당기는 데 도움이 된다.

＋ 잔병치레 많은 아이 햇볕처방으로 면역력을 키우자

적당한 시간 동안 햇볕을 쬐이면 우리 몸의 상처나 종기 등 잔병의 치료에도 효과가 크다. 왜냐하면 햇볕은 우리 몸의 백혈구 수를 증가시켜 면역 체계를 강화하는 역할도 하기 때문이다. 햇볕을 받으면 우리 몸의 대사활동이 원활해져서 건강해질뿐더러 환경오염에 대한 신체 저항 능력도 증가된다고 한다.

＋ 일광욕에 좋은 시간을 알아두자

햇볕을 쬐기에 가장 좋은 시간은 겨울에는 오전 10시부터 오후 3~4시 사이, 여름에는 직사광선을 피할 수 있는 아침 일찍 혹은 늦은 오후 시간이다.

＋ 식사 전후 한 시간 30분씩은 일광 노출을 피하자

식사 전후의 한 시간 30분 이내에는 햇볕을 직접 받는 것이 좋지 않다고 한다. 태양 에너지는 소화를 방해하고 에너지 균형을 변화시킬 수 있기 때문이다.

스트레칭 체조로 키를 쑥쑥 늘여주자

시간도 없고, 움직이는 것도 싫고

초등학교 4학년 아담이의 하루 일과표에는 '운동'을 위한 시간이 없다. 학교 체육시간이 아담이가 하는 운동의 전부다. 영어 학원, 수학 학원, 논술 학원까지 학원 투어를 모두 끝내고 돌아오면 이미 저녁시간이기 때문에 따로 시간을 내어 운동을 할 수가 없다. 특별한 운동 없이 하루를 보내는 것에 익숙해지니 이젠 아담이 스스로도 몸을 움직이는 게 귀찮다. 엄마는 저녁 늦게라도 줄넘기 같은 가벼운 운동을 시켜보려 하지만 아담이는 하루 종일 학교와 학원에서의 생활에 지쳐서 꿈쩍하는 게 싫다.

아담이뿐만 아니라 요즘 아이들 중엔 움직이는 것을 싫어하는 아이들이 의외로 많다. 가까운 거리도 차를 타고 움직여야 하고 아파트 한두 층을 오가면서도 꼭 엘리베이터를 타야 한단다. 게다가 날씨라도 추워지면 아이들은 학교와 학원 가는 것을 제외하곤 '방콕' 생활을 즐긴다.

키가 크고 몸이 튼튼해지기 위해서는 운동이 필수적이다. 운동을 하면 성장판이 자극되어 성장호르몬 분비가 높아지기 때문이다. 또한 운동을 통한 성장판 자극은 뼈의 길이 성장과 근육의 단백질 합성을 촉진하여 근육의 길이 성장도 함께 이루어지게 한다.

이렇게 운동을 해야 잘 큰다는데 아이는 도통 움직이지를 않으려니 난감하기 짝이 없다. 몸을 많이 움직이지 않으면서도 아이가 잘 자라는데 효과적인 운동은 없을까?

시간, 장소 내 맘대로 스트레칭

팔다리의 관절을 쭉쭉 펴주는 스트레칭 체조는 움직이기 싫어하는 아이들도 쉽게 할 수 있는 운동으로 시간도 장소도 내 맘대로 할 수 있다. 좁은 장소나 실내에서도 가능하니 굳이 밖으로 나가거나 값비싼 운동기구를 구입해야 하는 번거로움도 없다. 쿵쿵거린다고 시끄럽다고 뭐라 할 사람도 없고, 시간의 제약에서도 벗어나니 정말 좋은 운동이다.

아기의 기저귀를 갈은 후 다리를 쭉쭉 펴주는 '쭉쭉이'를 해준 기억은 어느 엄마나 있을 것이다. 스트레칭 체조도 이런 '쭉쭉이'와 같은 원리이다. 또한 이렇게 몸을 쭉쭉 늘여주는 효과 외에 성장판 가까이 위치한 관절과 근육을 자극하여 성장판 주위의 혈액순환을 촉진해 키가 크는 데 직접적인 도움을 준다.

스트레칭 체조의 방법이 따로 정해져 있는 것은 아니다. 어떤 동작이든 관절을 부드럽게 하고 근육의 수축과 이완을 돕는 동작이면 된다. 또 한 가지 스트레칭 체조의 매력은 하루에 10분 정도의 시간만 투자해도 원하는 정도의 효과를 얻을 수 있다는 점이다. 하루, 아침저녁 두 차례만 해도 몸이 훨씬 가뿐하고 가벼워지며 키가 쑥쑥 자란다는 느낌이 들 것이다.

아이들의 스트레칭 체조는 엄마 아빠와 함께 할 수 있는 것들이 많다. 덕분에 엄마도 옆구리, 팔뚝 같은 곳의 숨은 살들을 없애버릴 수 있으니 이 기회에 아이와 함께 S 라인 몸매를 만들어보는 것은 어떨까? 키도 크고 몸매도 예뻐지고 서로의 사랑도 확인하고 일석다조인 셈이다.

예쁘고 균형 잡힌 체형을 위한 올바른 자세

앉아 있는 아이의 모습을 보며 '구부정하게 앉지 마라', '허리 펴고 앉아라' 등의 잔소리를 한 경험이 있을 것이다. 앉는 자세가 중요한 것은 장시간 나쁜 자세로 앉아 있으면 성장기 아동의 척추에 불균형을 초래

하여 옆이나 앞뒤로 구부러진 척추 기형이 될 수 있기 때문이다.

실제 우리 아이들이 하루에 몇 시간씩이나 앉아 있어야 하는지 생각을 해보면 앉는 자세가 얼마나 중요한지 새삼 깨닫게 된다. 학교에서나 집에서 서 있거나 누워 지내는 시간보다 앉아 있는 시간이 절대적으로 많다.

어릴 때 앉는 습관을 잘못 들이면 어른이 되어서도 이러한 잘못된 습관이 남아 허리에 통증이 생기기도 하고 심지어 허리가 굽는 퇴행성 변화가 남들보다 더 빨리 올 수도 있어 어릴 때부터 바르게 앉는 습관을 갖는 것이 매우 중요하다.

🎈 책을 볼 때 앉는 자세

허리를 똑바로 세운 채 눈과 책 사이를 최소 30센티미터 이상 유지한다. 척추를 구부린 채 구부정한 자세로 책을 보면 자세 이상을 줄 뿐 아니라 시력도 약해지므로 주의해야 한다.

💬 컴퓨터를 하는 자세

목을 앞으로 숙이지 말고 똑바로 세워 모니터를 너무 가까이 보지 않도록 주의한다.

💬 소파에 앉는 자세

옆으로 비스듬하게 앉는 습관은 척추의 발달에 나쁜 영향을 미치므로 소파에 앉을 때에도 항상 똑바로 앉아 있는 습관을 들이도록 노력한다.

상체의 유연성을 기르는 스트레칭

🎈 어깨 펴고 돌리기

왼쪽 팔꿈치를 구부리고 오른쪽 팔을 왼쪽으로 끌어당기면서 오른쪽 어깨를 쭉 뻗는다. 반대쪽도 같은 방식으로 반복한다. 약 15초간 유지한다.

🎈 손목 위로 모아 펴기

머리 위에서 깍지를 끼고 손바닥을 위로 향한 채 팔꿈치를 쭉 편 상태에서 팔을 약간 뒤로 향하게 하고 약 15초간 유지한다.

🎈 팔을 뒤로 뻗은 채 목 기울이기

손을 등 뒤로 하고 오른팔을 아래쪽 대각선으로 당기면서 머리를 왼쪽으로
기울이도록 한 상태에서 약 15초간 유지한다.

🎈 팔꿈치 누르며 어깨를 뒤로 누르기

팔을 머리 위로 하여 한쪽 팔의 팔꿈치를 반대쪽으로 잡도록 하고 팔꿈치를
머리 뒤로 부드럽게 약 15초간 당긴다.

하체의 유연성을 기르는 스트레칭

🎈 고관절 안쪽으로 돌리기

바로 누워 오른쪽 무릎을 직각으로 굽힌 채 왼쪽으로 넘긴 상태에서 우측 무릎 위에 양손을 갖다 대고 누르면서 얼굴은 위로 향하게 하고 약 15초간 유지한다. 오른쪽 손을 반대 방향으로 향해 뻗어준 뒤 얼굴도 반대 방향으로 돌리고 오른쪽 어깨가 바닥에 닿을 정도로 힘을 주고 약 15초간 유지한다.

🎈 고관절 바깥쪽으로 돌리기

똑바로 누운 상태에서 구부린 무릎을 좌우로 벌리고 발바닥을 마주 한 채 고관절을 펴준다. 그 상태로 약 5초간 유지하고 힘을 뺀 다음 또다시 뻗기를 반복한다.

🎈 고관절 몸 쪽으로 당기기

똑바로 누운 상태에서 한쪽 무릎을 굽히고 대퇴부를 양손으로 잡고 자신의
몸 쪽으로 약 15초간 당긴 후 좌우측을 교대로 시행한다.

🎈 무릎 뒤 근육 펴주기

오른쪽 무릎을 바깥쪽으로 구부리고 왼쪽 다리는 뻗은 자세로 앉는다. 이 상
태에서 뻗은 다리 쪽, 즉 왼손으로 무릎을 누른 채 상체를 천천히 기울이며
무릎 안쪽이 바닥에 닿게 한다.

발목 돌리기

똑바로 누운 채 발목을 바깥쪽으로 돌린 후 약 5초간 유지한다. 다음은 안쪽으로 돌린 후 역시 5초간 유지한다. 앞쪽으로 펴주고 머리 쪽으로 올리는 운동을 반복한다.

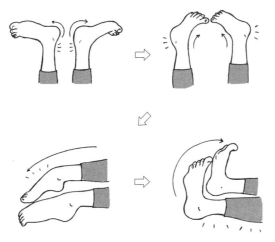

아킬레스건 늘려주기

상자나 계단 위에 한쪽 다리를 올려놓고 발목 및 무릎을 구부리게 하고 반대편 발목의 아킬레스건이 뻐근할 정도로 무릎을 편 상태에서 발목을 굽혀준다. 이러한 운동을 약 15초씩 10회 정도 반복한다.

척추의 균형을 잡아주는 스트레칭

🎈 엄마와 아이가 같이 하는 운동

아이와 마주 보고 서서 서로의 어깨에 손을 대고 상체를 앞으로 숙인다. 그 상태에서 무릎을 구부리고 천천히 아래 방향으로 힘을 주면서 5~6회 서로 눌러준다.

🎈 무릎 꿇고 하는 운동

무릎을 똑바로 세운 자세로 허리에 손을 댄다. 그 상태에서 몸을 뒤로 활짝 젖히고 가슴을 쭉 편다. 이 운동을 약 5초간 지속하며 3회 반복한다. 그 후 양손에 깍지를 끼고 머리 위로 올린 후 팔을 쭉 펴준 상태에서 상체를 좌우로 번갈아 기울여준다.

🎈 누운 자세에서 하는 운동

똑바로 누운 상태에서 무릎을 가볍게 구부리고 양손을 배 위에 올려둔다. 먼저 오른쪽으로 구르고 같은 방법으로 다시 왼쪽으로 구른다. 약 3~4회 반복해서 좌우로 흔들어준다. 그런 다음 양팔을 머리 위로 뻗고 상체를 쭉 뻗은 후 3초 동안 유지한다. 쭉 뻗고 난 뒤에는 힘을 뺀다. 다음에는 무릎을 세우고 하체만을 좌우 번갈아가며 바닥에 눕혀준다. 다음은 역시 누운 상태에서 한쪽 무릎은 굽힌 채로 허벅지를 양손으로 잡고 자신의 몸 쪽을 향해 당겨준다.

🎈 앉아서 하는 운동

한쪽 발을 펴고 허리 숙이기 자세에서 수건을 발 가운데에 댄 후 잡아당기면
서 자연스럽게 허리를 앞으로 굽힌다.

키를 크게 하는 데 도움이 되는 스트레칭

🎈 전신 뻗기

전신을 이완시켜 스트레칭을 하는 운동으로 반듯하게 누운 상태에서 양손을
머리 위로 뻗으면서 동시에 발은 아래 방향으로 뻗는다. 전신의 힘을 자연스
럽게 빼고 엄마나 아빠가 다리 아래쪽을 지긋이 눌러주면 더욱 효과를 볼 수
있다. 같은 운동을 약 3~5회 반복한다.

허리 및 다리 뻗기

양팔을 어깨 높이보다 약간 낮게 하고 옆으로 쭉 뻗는다. 오른쪽 무릎을 직각으로 굽힌 상태에서 왼쪽으로 넘기고 무릎에 양손을 갖다 대고 누르면서 얼굴은 위로 향한다. 이 동작이 익숙해지면 이번에는 한 손만 무릎에 갖다 대고 나머지 한 손은 반대 방향으로 똑바로 뻗는다. 얼굴은 손을 뻗고 있는 방향으로 돌린다. 끝나면 반대 방향으로도 운동한다. 같은 동작을 3~5회 반복한다.

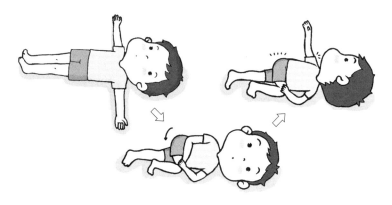

허리 및 상체 뻗기

바닥에 엎드린 후 오른쪽 다리를 직각으로 하고 왼팔을 위로 뻗은 후 오른쪽 팔은 옆으로 뻗은 자세에서 상체를 뒤로 최대한 넘긴다. 이 상태를 약 3~5초간 유지한 후 반대 방향으로 운동을 반복한다.

🎈 상체 및 옆구리 뻗기

다리를 어깨 넓이로 벌리고 팔을 만세 자세로 3~5초간 뻗는다. 이때 가능한 한 동작을 크게 하는 것이 좋다. 양팔을 옆으로 툭 떨어뜨린 다음 오른쪽 팔을 왼쪽으로 비스듬히 올리고 옆구리를 기울이면서 팔을 쭉 뻗어준다. 같은 동작을 약 3~5회 좌우 번갈아가며 반복한다.

🎈 옆구리 위쪽 뻗기

양반자세로 앉아 한쪽 손을 머리 위로 넘기고 다른 손은 반대쪽 무릎을 잡은 채로 옆쪽으로 넘기면 된다. 반대 방향으로도 같은 방식으로 운동하고 3~5회 반복한다.

🎈 옆구리 아래쪽 뻗기

양반자세로 앉아 한쪽 손은 팔꿈치로 바닥을 짚고 다른 손은 팔을 머리 위로 넘겨 몸을 옆으로 기울이는 동작을 한다. 이때 부모님은 아이가 옆으로 넘어가지 않도록 자세를 잡아준다. 반대 방향으로도 같은 방식으로 운동하고 3~5회 반복한다.

휜 다리 교정을 위한 스트레칭

🎈 O자형 다리 교정을 위한 운동

양쪽 다리를 붙이고 서서 양손으로 무릎을 안쪽 방향으로 밀면서 3~5초간 눌러준다. 그 상태로 무릎이 직각이 될 때까지 조금씩 굽혀 나간다. 이때 무릎이 벌어지지 않도록 주의하면서 3~5초간 눌러주고 같은 동작을 5~10회 반복한다.

몸을 바닥에 엎드린 채 양다리를 최대한 넓게 벌리고 양손은 머리 위로 뻗는다. 무릎을 바깥쪽으로 굽히고 양 발바닥을 서로 닿게 한다. 그 상태에서 무릎에서부터 발목까지 부위를 엉덩이 쪽으로 당기며 상체를 조금씩 일으킨다.

🎈 X자형 다리 교정을 위한 운동

어깨 넓이보다 약간 넓게 다리를 벌리고 서서 무릎이 직각이 되게 조금씩 굽혀준다. 이때 발끝과 무릎이 같은 방향이 되게 주의해야 한다. 이 자세를 약 3초간 유지한 후 무릎을 펴주고 다시 처음의 자세로 되돌아간다.

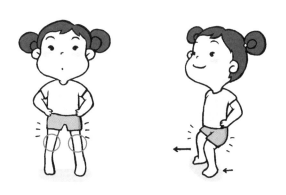

🎈 골반 교정을 위한 운동

이 운동은 골반을 회전시킴으로써 자연스럽게 뒤틀린 골반을 제자리로 가게 하는 효과가 있다. 양발을 어깨 넓이만큼 벌린 채 양손을 허리에 댄다. 그 상태로 천천히 크게 골반을 둥글게 돌린다. 이때 주의해야 할 사항은 골반을 앞쪽으로 밀면서 원을 그리듯이 부드럽게 천천히 돌리는 것이다. 좌우를 번갈아 여러 번 반복한다.

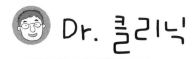 Dr. 클리닉

올바른 스트레칭 체조 방법

＋ 간단한 동작으로 시작한다

쉬운 동작부터 조금씩 어려운 동작으로 실시하는 것이 근육이나 관절에 무리를 주지 않는다. 너무 무리한 운동부터 시작하면 아이들의 흥미를 떨어뜨릴 수 있다.

＋ 가벼운 걷기 운동으로 몸을 풀자

스트레칭으로 인한 갑작스러운 자극은 근육과 관절에 상해를 일으킬 수 있으므로 가볍게라도 몸을 풀고 시작하는 것이 좋다. 움직이는 것을 싫어하는 아이라면 가벼운 제자리 걷기 정도도 좋다.

＋ 호흡을 조절하자

호흡을 깊이 들이마시고 천천히 내뱉으면서 스트레칭 동작을 실시한다.

＋ 꾸준히 하자

아무리 좋은 운동이라도 꾸준히 하지 않으면 효과를 거둘 수 없으므로 꾸준히 규칙적으로 실시하는 것이 중요하다.

＋ 무리한 동작을 강요하지 말자

아이들에게 스트레칭 운동을 가르치면서 주의해야 하는 것은 절대 무리한 동작을 강요하면 안 된다는 것이다. 무리한 동작은 아이의 흥미를 떨어뜨려 지속적으로 하지 않으려 하거나 심지어는 통증을 유발하는 등 역효과를 낳을 수 있기 때문이다.

운동
규칙적인 운동으로 성장판을 자극하자

운동을 하면 성장호르몬이 펑펑!

잘 자라지 않는 아이 때문에 속상해 하면 어르신들은 '무조건 밖에 내보내서 뛰어놀게 하라'신다. 잘 뛰어노는 아이들이 잘 자란다나? 하기야 잔뜩 웅크린 채 책상이나 컴퓨터 앞에 앉아 있는 것보다야 훨씬 건강해 보이기는 한다. 그런데 정말 뛰어놀면 쑥쑥 잘 자라줄까?

아이들을 자라게 하는 데 필수적인 성장호르몬은 가만히 있을 때보다 몸을 일정한 강도 이상으로 움직여줄 때 더 많이 분비된다. '뛰어논다', 좀 더 정확히 말하면 '뛴다'는 것이 성장점을 자극하여 성장호르몬의 분비를 늘리는 것이다. 천방지축으로 뛰어노는 아이들도 알고 보면 성장점을 자극하는 이러한 'Jumping' 운동을 하고 있는 것이다.

운동은 단순히 아이의 키만 쑥쑥 늘여주는 것이 아니다. 뼈와 마찬가지로 근육에도 성장판이 존재하는데 관절운동으로 인해 수축과 이완이 반복되면 근육 성장판이 자극을 받아 근육세포가 자라게 되는 것이다. 이처럼 운동은 성장판을 튼튼하게 하여 뼈와 근육을 자라게 할 뿐 아니라 성장판 주위의 혈액순환과 대사활동을 증가시켜 아이의 성장과 발달을 더욱 촉진시켜준다.

한편, 우리 몸에서 분비되는 성장호르몬의 양은 운동의 강도, 시간, 방법 등에 따라서 큰 차이가 나는데 무엇보다도 성장호르몬의 분비를 촉진하기 위해서는 약간 힘이 드는 운동을 최소 10분 이상 해야 한다는 기본을 지켜주면 된다. 운동의 강도에 따라서 최고 25배까지 성장호르몬의 분비량이 증가되기도 한다.

💙 근육 성장판

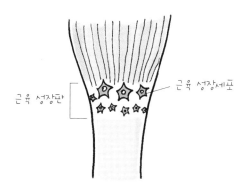

근육 성장판   근육 성장세포

지나친 것은 모자람만 못하다

성장에 아무리 좋은 운동이라도 지나치게 하면 성장으로 가야 할 영양소를 운동으로 소모해버리는 결과가 된다. 또한 지나친 체력 소모는 아이들의 정상적인 일상생활에도 지장을 준다. 더러는 운동을 몰아서 하는 경우도 있는데 이것도 키가 크는 데 그다지 효과적이지 못하다.

또한, 일부 학교나 학원에서 운동을 체벌의 일환으로 실시하고 있는 경우를 가끔 볼 수 있는데 이것은 올바른 운동습관을 들이는 데 있어서 결코 해서는 안 될 일이다. 운동을 잘못된 행동에 대한 벌로 강요할 때 아이들은 운동을 즐거운 놀이라기보다는 체벌의 일환으로 여겨 꺼리기 때문이다.

아이의 성장에 있어서 운동이 필수적인 만큼 운동은 무엇보다 아이 스스로가 즐길 수 있어야 하고 재미있는 놀이가 되어야 한다. 그럼으로써 꾸준히 규칙적으로 운동을 하는 습관을 들일 수 있기 때문이다.

우리는 막연히 '키를 크게 하고 건강하게 자라게 하기 위해 운동을 해야 한다'고 말하면서도 아이들이 성장단계별로 운동 능력에 차이가 있다는 것은 간과한다. 아이들은 같은 운동이라도 그 성장단계에 맞는 운동법이 있다.

예를 들어 이제 막 유치원에 다니기 시작한 5세 전후의 아이들에게 축구를 가르치면서 3-3-4전법과 같은 성인 축구의 방식을 가르치면 아이들은 '축구는 너무 어렵다'고 느끼고, 차츰 축구에 대한 흥미를 잃게 될 것이다. 이 나이 또래 아이들에게 축구를 시켜보면 공을 따라 여러 명이 몰려다니는 소위 '벌떼 축구'를 하는 정도의 능력밖에 없다는 것을 알 수 있다. 그러니 나이에 걸맞지 않게 무리한 것을 요구하기보다 아이들의 한계를 이해하고 공을 갖고 논다는 자체가 재미있도록 흥미를 유발해 꾸준히 운동을 지속할 수 있게 유도하는 것이 더 중요하다.

특히 사춘기에 접어든 아이들의 경우 운동선호도도 급격히 줄어들 뿐더러 공부할 시간도 부족한 마당에 운동할 시간이 어디 있냐며 운동을 안 하는 경우도 많다. 하지만 입시경쟁도 결국 체력이 뒷받침되어야 견뎌낼 수 있는 만큼 하루 최소 30분 정도의 가벼운 운동을 하는 습관을 들이는 것이 좋다.

운동은 아이들의 등에 땀이 촉촉하게 배어날 정도의 운동량이면 충분하며 시간으로 본다면 약 30분에서 한 시간 정도가 가장 이상적이다. 그런데 무엇보다도 중요한 것은 매일매일 규칙적으로 해야 한다는 것이다. 규칙적인 운동이야말로 성장의 최대의 적인 비만을 줄여주고 혈액순환과 체내 대사량을 늘려주어 자연스런 키 성장을 도와주는 최고의 방법이다.

이처럼 운동이 키 성장에 좋은 방법인 것만은 틀림없는 사실이지만 그렇다고 해서 비싼 돈을 들여가며 헬스클럽을 이용하거나 특별히 고안된 기구를 구입할 필요는 없다. 키가 크는 운동은 그 동작이 점핑과 스트레칭으로 압축되기 때문에 이러한 동작들이 적절히 조화를 이룬다면 아이들이 손쉽게 할 수 있는 운동으로도 같은 정도의 효과를 얻기에 충분하다.

쑥쑥 키 크는 데 도움이 되는 착한 운동

허벅지나 장딴지 뼈의 양끝에 위치한 성장판에서 골아 세포가 증식되어 뼈의 길이 성장이 일어나야 키가 자란다. 아이의 키를 자라게 하는 데 도움이 되는 운동은 비교적 가벼운 운동들이다. 줄넘기, 가벼운 조깅, 맨손체조, 수영, 댄스, 배구, 테니스, 너무 과격하지 않은 농구, 단거리 질주, 배드민턴 등이 키가 크는 데 도움이 된다. 그중에서도 농구나 줄넘기 같은 가벼운 점프 운동이 성장판을 자극하는 제일 좋은 운동이다.

혼자서 하는 운동 - 줄넘기

🎈 혼자서 할 수 있는 가장 좋고 안전한 키 성장 운동이다.

🎈 시간과 공간의 제약이 거의 없다.

🎈 발목, 무릎, 척추의 성장판을 자극하여 성장을 돕고 온몸을 균형 있게 발달시킨다.

🎈 줄넘기 전후에 충분한 스트레칭으로 근육을 풀어준다면 효과는 더욱 배가된다.

🎈 반드시 흙이나 운동장 같은 쿠션감이 있는 땅에서 해야 한다. 점핑을 하면서 무릎관절에 충격을 줄 수도 있고 심하면 성장판에도 손상을 줄 수 있기 때문이다.

🎈 만약 콘크리트나 아스팔트 위에서 해야 한다면, 충격 흡수가 좋은 운동화를 신거나 충격 흡수 매트를 깔고 뛰도록 해야 한다.

🎈 처음은 가볍게 500회 정도로 시작해 서서히 1,000회 정도까지 늘려가자.

친구들과 함께 하는 운동 - 농구

🎈 친구들과 어울려 할 수 있어 금방 친해질 수 있다.

🎈 가벼운 점프 운동이 성장판을 자극하여 키 성장에 좋다. 그러나 너무 높이 점프하게 되면 착지할 때 체중의 5~6배의 힘이 성장판 연골에 전달되어 어린 연골세포가 자라는 데 지장을 줄 수 있다.

🎈 점프 동작에 단련이 덜 된 여자아이의 경우 갑자기 점프 운동을 시작하면 남
  자아이에 비해 부상 가능성이 높다.

쑥쑥 키 크는 데 방해가 되는 운동

운동이 아이들 성장에 도움을 준다는 것은 분명하지만 그렇다고 해서
모든 운동이 다 그러한 것은 아니다. 사실 운동도 너무 많이 하면 약이
아니라 독이 된다. 앞서 말했듯이 아이의 키 성장이 목적이라면 운동의
강도나 시간, 방법을 따져보아야 한다. 예를 들어 씨름, 레슬링과 유도,

마라톤, 럭비 등과 같은 높은 강도의 운동은 아이의 키 성장에 크게 도움이 되지 않을뿐더러 오히려 성장판을 손상시키는 부상의 위험이 크기 때문에 주의해야 한다.

어깨와 팔을 집중적으로 강화시키는 기계체조도 마찬가지다. 올림픽이나 각종 스포츠대회를 보면 기계체조 선수들 대부분이 작고 아담한 키를 가졌다. 그게 과연 선천적으로 작은 아이를 뽑아서 운동시켜서 그런 것일까?

기계체조는 근력을 기르기에 좋은 운동이다 보니 근육을 많이 사용하게 된다. 이렇게 근육을 지나치게 많이 쓰는 운동은 근육을 긴장시켜 성장판에 혈류 공급을 저해한다. 또한 늘어난 근육양은 남성호르몬을 증가시켜 성장판을 빨리 닫히게 하는 결과를 가져온다. 아이를 운동선수로 키우고 싶은 생각이 아니라면 이런 종류의 운동은 좀 더 커서 해도 괜찮다. 또 어쩔 수 없이 시켜야 한다면 충분한 스트레칭으로 근육을 풀어준 다음 하는 것이 좋다.

불끈불끈 무거운 것을 드는 운동은 위험

🎈 헬스나 역도와 같이 무거운 것을 드는 운동은 관절에 무리를 줄 수 있다.

🎈 무거운 것을 들 때 그 무게가 척추를 눌러 성장에 방해가 된다.

🎈 역도는 다리의 성장판 연골에 역기 무게만큼의 압박을 가하여 성장판 연골이 자라는 데 좋지 않은 영향을 끼친다.

🎈 무거운 가방을 메는 것도 위험하다. 이 또한 척추에 무리를 주기 때문이다.

🎈 참고로 초등학생의 가방은 3킬로그램, 중학생은 5킬로그램 이하의 무게가 적당하다. 학교나 학원에 가는 아이들의 가방 무게도 유심히 체크해보자.

다리가 아파서 키가 안 커요!

🎈 장거리 마라톤처럼 다리에 상당히 무리를 주는 운동은 키 성장에 좋지 않다.

🎈 씨름이나 유도처럼 힘을 다리에 무리하게 싣는 운동은 마라톤과 마찬가지로 성장판의 혈류 공급을 방해하기 때문에 키 크는 데 장애가 된다.

🎈 농구나 점프 운동도 너무 높이 점프하게 되면 착지할 때 체중의 5~6배의 힘이 다리의 성장판 연골에 전달되어 어린 연골세포가 자라는 데 지장을 줄 수 있다.

근력운동도 적당히!

🎈 기계체조나 헬스는 근력운동을 많이 하기 때문에 키 성장에 방해가 된다. 근력을 키울 때 분비되는 남성호르몬이 성장호르몬의 역할을 방해하기 때문이다.

🎈 근력운동 후에는 반드시 스트레칭으로 근육을 이완시켜주자.

운동, 즐겁게 하자!

운동이 아이의 성장에 좋다는 건 충분히 알지만 막상 아이를 매일 규칙적으로 운동시키기란 쉽지만은 않다. 그래서 손쉽게 선택하는 것이 태권도나 합기도, 수영 등과 같은 운동 학원이다. 물론 학원에서 운동을 배우는 것이 나쁘다는 말은 아니다. 그러나 내 아이의 건강을 위해서 하는 운동이니만큼 좋은 공기 마시면서 즐겁게 하는 것도 중요하다. 특히, 운동하기를 싫어하는 아이라면 더더욱 운동이 몸과 마음을 즐겁게 하는 것이라는 인식을 심어주어야 한다.

운동을 즐기는 가족 문화를 만들자

운동은 혼자서 할 때 정말 힘들다. 특히 키 크기나 비만 예방 등 목적은 뚜렷하지만 단시간에 성과가 보이지 않는 운동을 할 때 더욱 그렇다. 그럴 때일수록 다른 사람과 함께 하는 것이 좋다.

아이 혼자 운동하라며 내보낼 게 아니라 가족이 함께 밖으로 나가자. 가족 모두가 정해진 시간에 규칙적으로 운동하는 모습을 보여줌으로써 운동 자체를 자연스러운 일상으로 받아들일 수 있도록 하자. 몸도 튼튼, 키도 쑥쑥, 더불어 가족의 사랑도 키울 수 있다.

🎈 음악을 들으며 춤추는 것도 운동이다

운동을 뭔가 형식에 맞춰서 해야 하는 프로그램으로 생각하지 말자. 물론 체계적이고 효율적인 운동 프로그램을 하는 것도 중요하지만 무엇보다 운동에 친근감을 느끼게 해야 한다. 더군다나 운동을 피곤하고 귀찮은 것으로 알고 있는 아이들에게는 특히 그렇다. 빠르고 신나는 음악을 들으며 춤을 추는 것도 온몸의 스트레칭에 효과가 있다. 재미와 함께 운동도 되는 신나는 댄스타임을 가져보자.

🎈 편리하게 운동하며 사진도 찍자

요즘 많이 볼 수 있는 게 바로 각종 운동 관련 비디오테이프이다. 다이어트에서부터 요가까지 그 종류도 다양하다. 테이프만 있으면 굳이 강습소를 가지 않더라도 집에서 편하게 할 수 있다. 따로 강습비를 지불할 필요도 없고 시간도 내 마음대로다. 조금의 성실함만 갖춘다면 누구나 손쉽게 할 수 있으니까 적극 활용해보자. 이때, 아이가 운동을 하는 모습을 사진으로 찍어 보여 줘 보자. 그리고 이 사진과 함께 자신의 성장일지를 만들게 하면 더욱 좋다. 운동을 하면서 키가 크는 자신의 모습을 성장일지로 만들면서 아이는 규칙적인 운동이 자신을 얼마나 변화시켰는지 시각적으로 확인할 수 있을 것이다.

여행도 좋은 운동이다

운동을 단순히 기구를 이용해서 한다거나 땀을 많이 흘려야 하는 것으로 생각해서는 안 된다. 운동은 단지 육체적인 근육의 움직임이 아니라 심리적인 긍정성을 함께 가져다준다. 그렇기 때문에 여행도 좋은 운동으로 이해할 수 있다. 집이 아닌 다른 곳으로 가서 느끼는 신선함과 기분 전환은 매우 좋은 효과를 준다. 하지만 차 안에만 있으면서 먼 곳을 다녀오는 것은 오히려 피곤함과 몸을 굳게 하는 역효과가 있으니 가급적 목적지를 정하고, 걸으면서 여행을 즐기는 것이 좋다.

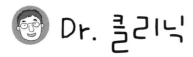
Dr. 클리닉

스스로 운동하는 아이 만들기

✚ 동기부여를 하면서 아이에게 성과를 만끽하게 하자

집에서 하는 운동이든, 아니면 강습을 받는 운동이든 중요한 것은 아이 스스로 할 수 있는 자발성이지만 아이들에게 있어 부족한 것 또한 자발성이다. 스스로 규칙적인 운동을 한다는 것은 정말 운동을 좋아하는 소수의 아이를 제외하곤 힘든 일이다. 때문에 아이들에게 운동의 자발성을 이끌어내기 위해서는 무엇보다 동기부여를 하는 것이 굉장히 중요하다. 예를 들어 애초에 약속한 운동을 성실히 하면 맛있는 음식을 준다고 하거나, 놀아주겠다고 동기부여를 하는 것이다. 이것은 운동을 자발적으로 하게끔 한다는 효과 외에 노력과 성과에 대한 올바른 사고를 갖게 하는 효과도 있다. 단, 너무 물질적인 것으로만 보상을 해주는 것은 피하는 게 좋다.

✚ 목표관리를 하면서 아이에게 성취감을 갖게 하자

단순히 줄넘기를 해라, 스트레칭을 해라 하는 식으로 무조건 운동하라고 말하는 것은 좋지 않다. 앞에서도 언급했지만 체계적이고 효과적인 운동을 하도록 해야 한다. 체계적인 운동을 하기 위해서는 줄넘기를 하루 몇 개, 10분 동안 몇 개 하는 식으로 목표를 정해서 하는 것이 좋다. 목표를 알고 운동을 하게 되면 지루함을 없애 줄 뿐만 아니라 목표를 달성했을 때 성취감을 느끼게 해 바로 다음 단계로 도약할 수 있는 심리적인 자신감도 갖게 한다.

✚ 운동, 스스로 골라 스케줄링 한다

아이의 성상에 도움이 되는 운동, 평소 아이가 좋아하는 운동 등으로 다양한 운동메뉴를 아이와 함께 정해보자. 그리고는 1주일의 운동 스케줄을 아이 스스로 작성하게 한다. 시간도 30분에서 한 시간 사이로 하여 아이 스스로 선택하게 하는 것이다. 이런 과정에서 아이는 운동을 '나의 선택'이라고 느끼며 강한 책임감을 가질 수 있다. 운동의 강도와 시간, 종류를 스스로 조절하는 능력도 키울 수 있다.

맞춤식으로 골고루 영양을 섭취하자

제대로 잘 먹어야 잘 큰다

'잘 먹어야 잘 자란다'는 말이 있다. 그래서일까? 새 모이만큼 먹는 입 짧은 아이들을 보면 대부분 성장도 느리다. 그런데 의외로 잘 먹는 아이를 둔 부모도 걱정은 있다.

"우리 아인 밥도 제 아빠보다 더 많이 먹어요. 근데 키가 자라기는커녕 옆으로만 퍼져가니……."

너무 잘 먹어서 생기는 고민, 바로 비만이다. 결국 '잘 먹어야 잘 자란다'는 말은 단순히 '많이 먹어야 잘 자란다'를 의미하는 것은 아니라는 말이다.

잘 먹는다는 것은 섭취하는 음식의 양이 아니라 음식의 질로 평가받는 것이다. 제대로 먹는 것, 즉 '필요한 영양소를 골고루 섭취하는 것'이 '잘 먹는 것'이다.

최근 북한 어린이와 우리 어린이들의 평균키를 비교한 결과를 보니 우리 어린이들이 남자아이의 경우 약 6센티미터, 여자아이의 경우 약 4센티미터 이상이나 크게 나왔다. 같은 민족임에도 불구하고 키가 그렇게 많이 차이가 나는 이유는 무엇일까?

잘 알다시피 북한의 아이들보다 우리 아이들이 '잘' 먹는다. 물론 음

식의 양적인 면에서도 없어서 못 먹는 경우가 드물 정도로 잘 먹지만, 질적인 면에서도 북한 아이들보다 더 균형 있는 영양소를 섭취하고 있다. 결국 같은 민족, 같은 유전자일지라도 잘 먹는 아이가 잘 먹지 못한 아이에 비해 더 잘 자란다는 것을 알 수 있다.

우리의 부모들 세대를 보자. 굳이 보릿고개라는 말까지 꺼내지 않더라도 요즘에 비해 먹을 것이 양적으로나 질적으로 모자라던 시절, 부족한 영양 섭취로 인해 또래보다 키가 한 뼘이나 작은 아이들을 종종 볼 수 있었다.

그렇지만 요즘 아이들은 예전처럼 먹을 것이 부족해서 잘 먹지 못하는 경우는 드물다. 오히려 먹을 것이 넘쳐나는데도 입이 짧아서, 편식이 심해서, 날씬해지기 위해서 음식을 멀리하는 경우가 잦다. 어떤 이유에서든 영양 섭취가 원활하게 이루어지지 않으면 그나마 섭취된 영양분은 아이의 기초대사에 먼저 사용되느라 아이의 성장에 쓰일 여력이 없어진다. 결국 잘 먹지 못한다는 말은 아이가 또래보다 작은 아이가 된다는 말이다.

영양식단이 곧 경쟁력이다

사실 요즘 엄마들, 특히 맞벌이하는 엄마들은 아이들의 영양식단을 짠다는 게 여간 힘든 일이 아니다. 시간에 쫓기며 급하게 밥상을 차리다 보면 가공식품 위주의 식단이 된다거나 그마저도 힘들면 시켜 먹거나 외식을 하게 된다. 아이들은 햄버거나 피자, 돈가스 등을 먹으며 행복한 미소를 보이지만 왠지 엄마의 마음 한구석은 싸하다. 가끔은 미안한 마음을 달래볼 요량으로 특별식을 준비해보지만 이미 달콤하고 자극적인 맛에 길들여진 아이들은 시큰둥하다.

아이들의 부족한 영양 섭취를 걱정하며 한 손에는 우유, 한 손에는 비싼 영양제를 사 들긴 했지만 '자연 영양소'를 듬뿍 섭취하며 쑥쑥 자라는 다른 집 아이들에 비하면 여전히 내 아이는 '건강 경쟁'에서 뒤처질 수밖에 없다.

땅이나 바다 등 자연의 기운을 한껏 받으며 자란 자연 영양소를 섭취한 아이들에 비해 즉석식품, 가공식품을 즐기는 아이들은 성장 면에서도 뒤처지지만 건강에도 결코 좋을 수가 없다. 다들 웰빙 열풍에 무농약, 유기농, 자연산을 외치며 건강을 챙기는데, '바쁘다, 귀찮다' 하며 미뤄둘 일이 아니다. 당장 눈에 보이는 아이의 키 성장이 문제가 아니라 아이의 건강을 챙기는 것도 엄마의 몫이다. 즉석식품이나 외식에 대한 의존도를 줄이고 건강한 먹거리를 준비해주는 것만으로도 아이에게 '건강'이라는 엄청난 재산을 줄 수 있다. 음식 하나를 준비하더라도 재료를 조금 더 신경 쓴다거나 영양을 고려한 건강한 식단을 마련한다면 보약이 따로 필요 없다.

또한 건강한 키 성장에 있어서도 식사 관리, 즉 영양 섭취의 관리는 기본이다. '나중에 크겠지' 하는 부모의 작은 방심으로 사랑하는 아이를 평생 작은 키로 살아가게 할지도 모른다는 생각을 하면 정신이 번쩍 들 것이다. 결국, 아이들의 식탁을 돌보는 것, 즉 균형 있는 영양 섭취를 가능하게 하는 것이 내 아이의 키 쑥쑥, 몸 튼튼 전략인 셈이다.

키 크는 데 도움이 되는 음식은?

제대로 잘 먹어야 키가 쑥쑥 자라준다는데 그렇다면 무엇을 먹어야 제대로 먹는 걸까? 키가 한창 자라나는 아이들은 어른들보다 약 세 배가량의 단백질을 요구한다고 한다. 게다가 키 크기란 바로 뼈의 길이 성장이기 때문에 뼈를 위해 충분한 칼슘 섭취도 필요하다. 그 외에도 탄수화물이나 비타민, 미네랄 등이 아이의 건강한 키 성장을 위해 필요한 영양소이다.

단백질은 키 성장의 기본이다

- 단백질은 우리 몸의 50퍼센트를 차지하는 영양소이다. 이 말은 충분한 단백질의 공급이 없다면 아이의 몸을 구성하는 데 가장 기본적인 영양소가 부족하기 때문에 다른 어떤 영양소를 공급해도 무용지물이란 말과 같다. 단백질은 우리 몸의 근육이나 인대를 형성하는 구성요소이고, 성장호르몬 역시 폴리펩티드Polypeptide 계통으로 단백질이다.

- 단백질이 풍부한 음식으로는 콩이나 두부가 대표적이다. 이런 식물성 단백

질은 성장호르몬 촉진에 탁월하다는 연구 결과도 있으니 아이가 질리지 않게 다양한 조리법으로 식탁에 올려보자.

- 등 푸른 생선에는 양질의 단백질과 불포화 지방산이 풍부하다. 키도 크면서 비만도 예방하려면 기름기가 많은 고기보다는 담백한 생선이 좋다.

- 고기를 먹더라도 가급적이면 기름기를 제거하고 먹도록 하자. 특히 아이들이 잘 먹는 튀긴 치킨이나 돈가스는 지나친 지방을 흡수하게 돼서 키 성장보다 오히려 비만으로 갈 수 있으니 주의해야 한다.

뼈를 키우는 데 칼슘이 빠질 수 없다

- 칼슘은 뼈와 치아를 형성하는 영양소이다. 그리고 근육의 운동과 규칙적인 심장박동과 같이 골격이나 생리 조절에 있어 아주 중요하기 때문에 성장기에 필수적인 영양소이다.

- 우리나라 사람들의 식생활 환경을 보면 칼슘이 매우 부족하다고 할 수 있다. 우리나라의 토양은 칼슘의 함량이 낮아 재배하는 채소에 칼슘이 적은 편이다. 채소에서 섭취하기 부족한 칼슘은 새우나 뼈째 먹는 생선, 다시마, 치즈 등 칼슘 함량이 많은 음식으로 보충하는 식단을 짜자.

- 칼슘이 풍부한 음식으로 우유, 두부, 멸치, 미역, 해조류, 사골 등이 있다.

- 칼슘의 소화 흡수를 돕기 위해서 매실 식품을 함께 먹으면 장에서의 칼슘 흡수를 도와준다. 집에서 간단하게 매실원액을 물과 희석하여 아이들에게 음료수로 마시게 하자.

🎈 비타민은 칼슘이 몸에 흡수되는 것을 돕기도 하지만 여러 내장 기관의 발달도 돕는다.

🎈 비타민이 풍부한 음식으로는 시금치와 당근, 호박, 김, 미역, 다시마, 버섯, 감, 귤, 딸기 등이 있다.

🎈 식이섬유는 숙변을 제거하고, 유해물질을 배설하는 효과와 더불어 키 성장에도 도움을 준다. 즉 장의 기능을 도와주면서 영양소가 쉽고 빠르게 흡수될 수 있도록 해준다. 현미나 고구마, 땅콩, 귤, 바나나, 우엉 등이 대표적인 음식이다.

🎈 키 크는 데 도움을 준다는 영양제나 건강보조식품 중에서 종합비타민과 무기질 영양제가 42퍼센트가 넘는다고 한다. 그만큼 비타민과 무기질이 아이의 성장에 도움을 준다는 의미이다. 그러나 가급적이면 이러한 영양소들도 음식을 통해서 자연스럽게 공급해주는 게 낫다.

키 크는 데 방해가 되는 음식은?

내 아이의 건강한 키 성장에 있어서 '제대로 잘 먹는 것' 못지않게 중요한 것이 바로 키 크는 데 방해가 되는 음식을 잘 가려주는 것이다. 만약 내 아이의 성장이 더디다거나, 몸은 자꾸 비민해지는데 키가 잘 자라지 않는다면 혹시 아이가 먹는 음식 중에 성장에 방해가 되는 음식들이 있는지 살펴볼 필요가 있다.

　인스턴트나 가공식품 등은 아이들의 성장이나 건강에 좋지 않음에도 불구하고 '간단히 해결할 수 있다'는 강력한 장점을 갖고 있기에 종종 우리의 식탁에 오른다. 이렇게 한두 번 먹다 보면 아이들의 미각은 그 자극적인 맛과 향에 금방 길들여진다. 요즘 아이들이 가장 좋아하는 음식으로 돈가스, 피자, 햄버거를 꼽는 것도 이렇게 잘못 길들여진 미각 때문이다.

　아이들의 입맛을 제어할 수 있는 것도 엄마의 능력이다. 아이에게 "안 돼!"라고 외칠 수 있는 냉정함을 갖기 위해서는 엄마 스스로가 똑똑해질 필요가 있다.

　겉으로 보기에는 멀쩡한 허우대지만 실제 안을 들여다보면 부실 덩어리인 아이들의 대부분은 영양가는 낮으면서 칼로리는 높은 인스턴트 음식을 즐긴다. 이렇게 칼로리가 높은 음식을 즐기다 보면 비만으로 이어지게 되고 아이의 몸에 쌓인 피하지방은 성호르몬의 분비를 촉진시켜서 키 성장의 속도를 늦추게 한다.

🎈 튀긴 닭고기, 피자, 햄버거 등은 칼로리가 높고 지방이 많아서 골격 형성을 방해하고 비만이 되게 한다.

🎈 패스트푸드나 인스턴트식품에는 인이 필요 이상으로 많다. 인은 칼슘을 몸 밖으로 배출시키기 때문에 당연히 성장을 방해한다.

🎈 핫도그나 햄버거, 케이크, 탄산음료 등은 열량은 높지만 키 크기에 필요한 비타민이나 무기질이 부족하기 때문에 먹어도 영양 공급에는 아무런 도움이

되지 않는다.

- 식이섬유가 부족한 가공식품은 장 운동을 저해해 정상적인 배변 활동을 방해하고, 영양소의 원활한 공급을 막는다.

- 달걀을 비롯한 각종 알 종류는 콜레스테롤 함유량이 높기 때문에 과다 섭취 시 성호르몬의 분비를 촉진해 키 성장에 좋지 않다.

- 탄산음료는 칼슘이 뼈로 들어가는 것을 방해하는 주범이다.

- 키 성장에 해로운 음식으로는 라면, 피자, 코코아, 초콜릿, 콜라, 햄, 햄버거, 튀김 등이 있다.

즐겁게 먹는 음식이 영양으로 간다

아이들에게 좋은 음식을 먹이는 것도 중요하지만 올바르게 먹이는 것도 중요하다. 어른들도 기분이 좋지 않거나 컨디션이 나쁠 때 밥을 먹으면 소화가 잘되지 않듯이 아이들도 마찬가지다. 불편하고 언짢은 기분으로 밥을 먹으면 소화도 안 될뿐더러 식욕마저 못 느낀다. 따라서 아이들에게 식사는 즐거운 것이라는 생각을 심어주는 올바른 식사환경을 만들어주도록 노력해야 한다.

식사는 가족과 함께 하는 즐거운 시간
아이나 어른이나 식사를 혼자 하는 것은 썩 유쾌하지 못한 일이다. 어른도 혼자 밥을 먹을 때면 TV라도 틀어서 심심함을 달래는데 아이는 어떻겠는가. 특히 어린아이는 성인보다 더욱 집중력이 떨어지므로 혼자 밥을 먹게 하면 아무래도 산만해지기 쉽다. 다시 말해 식사보다는 다른 것에 신경이 팔리기 마련이다. 엄마가 정성 들여 만든 음식이 제대로 아이의 뱃속으로 들어가기는커녕 대충 그릇 비우는 시늉만 할 뿐이다. 즐거운 식사의 첫걸음은 사랑하는 가족과 함께 오순도순 둘러앉아 행복한 이야기를 나누는 것에서 시작한다는 것을 잊지 말자.

미리 식사시간을 알려주자

무언가에 집중하고 있는 아이에게 억지로 그만두게 하고, 식사를 하라고 강요하면 아이가 기분 나빠 할 수 있다. 그러니 항상 식사시간 20여 분 전에 아이에게 미리 이야기를 해주도록 하자. 놀거나 공부를 하다가 갑자기 밥을 먹어야 할 때 귀찮아 하고 피곤해 하는 것을 예방할 수 있다.

🎈 규칙적인 식사로 아이의 위장을 도와주자

불규칙적인 식사시간은 아이의 위장에 부담을 주기도 한다. 가능하면 정해진 시간에 식사를 하도록 준비해주고 간식도 식사시간을 고려해서 주자.

🎈 지나친 식사예절은 스트레스가 될 수 있다

어린아이들에게 너무 부담스러운 식사예절을 기대해서는 안 된다. 아주 어린아이한테 조용히 먹으라거나 젓가락을 어떻게 쥐어야 한다는 것을 강요해서는 안 된다. 아이가 식사시간을 스트레스로 받아들여서는 안 되기 때문이다.

🎈 즐거운 대화를 유도하자

식사시간에 부모끼리 또는 아이와 말싸움을 해서는 좋지 않다. 그럼 밥 먹는 시간 내내 아이는 불안하고 불편한 기분을 느낄 것이고, 나아가 식사시간 자체를 싫어하게 될지도 모른다. 밥 먹는 시간이 즐거워야지만 아이 스스로 그 시간을 기다릴 것이다.

🎈 식사에 집중하도록 하자

식사시간에 TV를 즐기는 부모가 있다. 이렇게 되면 아이도 덩달아 산만해지기 쉽다. 식사하는 동안은 TV나 장난감은 멀리하도록 하자. 대신 대화를 유도하여 식사에 집중하게 해 즐거운 식사시간을 갖도록 노력한다.

식사가 즐거우려면 간식도 가려 먹여라

아이들의 위장은 한 번에 소화할 수 있는 음식 양에 한계가 있다. 그래서 어른과는 다르게 식사와 식사 사이에 간식으로 영양과 열량을 공급해줘야 한다. 그러나 이러한 간식을 자칫 잘못 주게 되면 아이는 주식보다 간식을 더 즐기게 된다. 즉 아이들이 '배고파!'를 외친다고 해서 달라는 대로 간식을 주면 식사를 거르게 되는 일이 잦아질 것이다. 그러니 가능하면 정해진 시간에 정해진 양을 줘 아이로 하여금 '시도 때도 없이 아무거나 먹는 것'이 간식이 아님을 알려줄 필요가 있다.

🎈 간식도 원칙을 세우자

간식도 식사와 마찬가지로 규칙적으로 주는 것이 건강에도 좋다. 아이들이 간식을 달란다고 그때그때 즉흥적으로 줄 것이 아니라 간식의 메뉴나 시간에 대해서도 원칙을 세우고 계획적으로 줄 필요가 있다.

🎈 간식이 주식이 되어서는 안 된다

밥을 잘 먹지 않는 아이들은 그나마 간식이라도 찾으면 그거라도 일단 먹이고 보자는 생각이 든다. 배가 고프면 안 된다는 마음에서 빵이나 과자를 주다 보면 아이는 점점 밥맛을 잃어간다. 아이의 건강한 성장을 위해서는 배부르게 하는 간식을 줄여야 한다. 이렇게 열량이 높은 간식은 대체로 영양소가 불균형하기 때문이다.

🎈 간식도 메뉴를 연구하라

아이들의 건강을 위한 제일 좋은 간식은 엄마표 간식이다. 신선한 자연식품을 이용하여 아이들의 입맛에 맞는 간식을 만들어내는 것도 엄마의 몫이다. 밥, 고구마나 감자, 떡, 과일, 채소 등을 이용한 다양한 먹거리를 연구해보자.

음료수도 따져보고 마시자

일반적으로 마트에서 파는 과일 주스는 과일 외에도 인공적으로 맛을 내기 위해 첨가하는 것이 많다. 첨가물 중 유기산의 경우, 성장호르몬의 분비를 방해하고 또 단맛을 내는 당분은 키보다 비만의 효과를 낳기 때문에 사서 마시는 주스는 피하는 게 좋다. 과일을 이용한 생과일 주스를 집에서 만들어 먹여보자. 각종 비타민, 무기질은 물론 섬유질도 풍부해서 아이의 건강한 성장을 도울 수 있다.

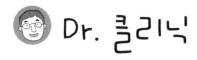 Dr. 클리닉

물 마시는 법도 따로 있다

한창 자라는 아이들은 운동을 하거나 놀이를 하는 등 활동량이 많다 보니 이 래저래 물을 많이 찾게 된다. 또한 성장기에는 세포가 확장하고 분열하면서 많은 수분을 요구하는데 세포의 75퍼센트가 바로 물로 이뤄졌기 때문이다.

✚ 최소한 하루에 여섯 잔 내지 여덟 잔의 물을 마시는 게 좋다

우리 몸이 최소한으로 요구하는 하루 물의 양은 여섯 잔 내지 여덟 잔이다. 따라서 성장을 위한다면 조금 더 마셔주는 게 좋다.

✚ 수시로 물을 마시자

공복감이 느껴질 때나 목이 마를 때 수시로 물을 마시도록 해야 한다. 물을 충분히 섭취하면 성장에도 도움이 되고 뇌의 기능도 활발해져 학습 능력도 향상된다.

✚ 몸이 원하는 것은 물이다

목이 마르다는 것은 우리 몸이 물을 원한다는 신호이다. 따라서 목이 마를 때 다른 음료로 대신하지 말아야 한다. 청량음료나 주스는 물이 하는 역할을 대신하지 못하므로 순수한 물을 마시는 습관을 길러주는 것이 중요하다.

✚ 물 마시기에 좋은 타이밍

물론 목이 마를 때 수시로 물을 마셔주는 게 제일 중요하겠지만 그 외에도 꼭 마셔주면 좋은 타이밍이 있다. 식후 두 시간 정도 뒤에는 소화를 하느라 소비된 물을 보충하기 위해 두 잔 정도 마신다. 또 아침에 일어나면 자는 동 안 소비된 수분을 보충하기 위해 두 잔 정도를 천천히 마신다. 그리고 운동 을 하기 전에도 미리 땀의 배출을 돕기 위해 한 잔 정도 마시는 게 좋다.

PART 3

그것이
알고 싶다!

키 쑥쑥, 뼈 튼튼
상담실

궁금해요,
키 쑥쑥 비결

키 쑥쑥 상담실 – 칼슘과 키

'키 쑥쑥 뼈 튼튼' 하면 생각나는 영양소가 바로 '칼슘'이다. 그래서인
지 각종 '키 크기' 정보에는 칼슘 이야기가 빠지지 않는다. 물론 '뭐
든 골고루'라는 원칙은 지켜야 할 테지만 그중 좀 더 관심을 가져줘야
하는 것이 '칼슘'이라는 말인데, 그렇다면 기왕 먹을 것, 잘 알고 먹는
것도 중요하지 않을까? 다다익선이라고 많으면 많을수록 좋은 건지,
과유불급이라고 지나치면 모자람만 못한 것인지, '아는 게 힘'이지 않
은가.

아이가 편식이 심한 편입니다. 칼슘 어떻게 보충할까요?

아이가 편식이 심해서 멸치, 우유 등 칼슘이 든 식품을 제대로 섭취하지 못하고 있는데요. 이렇게 계속 칼슘을 제대로 섭취하지 못하면 아이 몸에 탈이 생기겠죠? 어떻게 해야 아이가 칼슘을 잘 먹을까요?

음식에서 섭취가 힘들다면 칼슘 약제를 따로 먹여야 합니다. 칼슘은 아이의 키를 자라게 할 뿐 아니라 뼈를 튼튼하게 하는 역할도 합니다. 우리 몸의 칼슘은 99퍼센트 이상이 뼈와 치아에 저장되어 있고 실제 혈액 내에는 적은 양의 칼슘이 분포되어 체내 칼슘 균형을 유지하고 있습니다. 그런데 혈액 내 칼슘 성분이 부족하게 되면 칼슘의 저장 창고라 할 수 있는 뼈에서 칼슘이 분해되어 혈액 내의 칼슘을 보충하러 나오게 됩니다. 만약 지속적으로 체내 칼슘이 부족하게 되면 이를 보충하기 위해 뼈에서 칼슘 성분이 계속해서 빠져나오게 되어 뼈가 약해지고 그만큼 성장이 늦어지는 것이죠. 따라서 성장기에는 적당량의 칼슘을 보충해주는 것이 아주 중요합니다. 그러니 칼슘제라도 먹이는 게 좋습니다. 한편, 음식의 조리법을 달리한다거나 멸치, 검은깨 등 칼슘이 다량 함유되어 있는 음식을 가루로 만들어서 아이가 좋아하는 음식을 만들 때 양념이나 소스에 넣어주는 방법도 좋습니다.

하루 권장량 이상으로 칼슘을 먹으면 키가 더 많이 자랄까요?

칼슘도 나이별로 권장량이 다르다고 들었는데요. 저희 아이가 또래에 비해 작아서 그러는데 혹시 칼슘을 권장량 이상으로 먹이면 좀 더 클까요?

칼슘을 많이 섭취한다고 키가 더 잘 자라는 것은 아닙니다. 따라서 아래 도표에 표시된 칼슘의 하루 섭취 권장량을 참고로 하여 식단을 짜는 게 좋습니다. 필요 이상의 칼슘이 섭취될 경우 장내에서 흡수되지 못하고 변으로 빠져나가기 때문에 그다지 도움이 되지 않습니다. 참고로 칼슘은 섭취하는 만큼 몸에서 다 흡수되는 것이 아니니 권장량보다 조금 더 넉넉하게 먹이는 게 도움이 되기는 합니다. 그리고 칼슘이 몸에 흡수되기 위해서는 비타민 D의 도움을 받아야 합니다. 따라서 비타민 D가 많이 들어 있는 달걀이니 비디 등을 먹이거나 피부에서 활성 비타민 D를 만들기 위해 햇볕을 쬐어주는 것이 필요합니다.

💙 연령별 칼슘의 하루 섭취 권장량

나이	0~6개월	6개월~1세	2~3세	4~8세	9~18세	19~50세	51세 이상
섭취량	210mg	270mg	500mg	800mg	1300mg	1000mg	1200mg

곰국을 많이 먹으면 키가 쑤욱 자랄까요?

아이가 돌을 지나면서부터 식사 때마다 곰국을 빼지 않고 먹이고 있습니다. 뼈가 튼튼해야 키가 잘 큰다며 분유도 곰국에 타서 먹이려고 하는 할머니의 극성 때문인데요. 다행히 아이는 별 탈 없이 잘 먹고 잘 자라고 있어요. 생각해보면 따로 칼슘제를 먹이는 것보다는 이렇게 뼈를 고아 먹이는 것이 더 나을 듯도 한데 과연 뼈를 고아서 만든 국물에 칼슘이 충분히 들어 있는 것일까요?

곰국을 끓일 때 식초를 조금 넣고 끓이면 국물 내 칼슘의 양이 풍부해집니다. 예로부터 우리네 어르신들은 성장기 아이들이 아무 탈 없이 무럭무럭 자라기를 바라는 마음으로 뼈를 고아 먹이기도 했습니다. 그러나 정작 뼈 국물이 어떻게 좋은 것인지 어떤 성분이 성장에 도움이 되는 것인지 등에 관한 설명은 부족한 실정이었습니다. 물론 뼈 국물이 칼슘 보충에 도움이 되는 것은 확실합니다. 뼈를 물에 넣고 끓이면 뼛속의 칼슘 성분이 빠져나와 국물에 녹기 때문이죠. 그러나 실제 뼈에서 분해되어 나오는 칼슘의 양은 우리가 생각하듯 그리 많지는 않습니다. 칼슘 섭취를 위해 곰국을 매일 먹는다면 그만큼 칼로리도 염두에 두어야 합니다. 섭취 칼로리가 높아지면 아이가 비만이 될 확률도 높다는 뜻이니 주의해야 하는 것이죠.

한편, 아이들에게 먹이는 음식인 만큼 양질의 뼈를 고아 먹이는 것이 좋은데 원산지가 불분명하거나 질이 나쁜 뼈에는 광우병을 일으키는 바이러스나 심지어 중금속이 함유되어 있을 수도 있으므로 선택에 신중을 기해야 합니다. 그래서 가능하면 식품안전기준을 통과한 국내산 제품을 사용하는 것이 안전합니다.

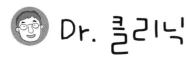 Dr. 클리닉

한눈에 보는 식품별 칼슘 함량

식품	분량	칼슘 함량
순두부	1/2컵	120mg
강낭콩	1컵(235ml)	130mg
두부	1/4모	181mg
동태	2토막	233mg
참치	2토막	235mg
꽁치 통조림	2/3컵	277mg
무지방 분유	3찻숟가락(45ml)	280mg
무지방 우유	1컵(235ml)	300mg
저지방 우유(1% 지방)	1컵(235ml)	300mg
저지방 요구르트	1컵(235ml)	415mg
무지방 요구르트	1컵(235ml)	450mg
치즈	5장	613mg
깨소금	1컵	1,223mg
중멸치	1/4컵	1,290mg

키 쑥쑥 상담실 – 성장호르몬

아무리 '작은 고추가 맵다'고 위로를 해봐도 또래에 비해 눈에 띄게 작은 내 아이를 보면 속이 상할 수밖에 없다. 내 아이를 쑥쑥 자라게 해준다는 성장호르몬, 도대체 어떻게 하면 성장호르몬의 혜택을 한껏 받을 수 있을까? 정말 안 되면 성장호르몬 주사라도 맞혀야 하는 건 아닌가 걱정이 이만저만인 게 아니다.

 성장호르몬 어떻게 해야 펑펑 나오죠?
아이가 또래에 비해서 작은 편인데 제가 좀 늦게 큰 편이라 지금껏 그다지 고민하지 않았어요. 그런데 얼마 전 신문기사를 보니 아이가 사춘기에 접어들면 몇 년이 지나지 않아 성장이 멈춘다더군요. '클 때 되면 크겠지' 하면서 느긋하게 있을 게 아니라는 생각이 들어서요. 성장호르몬을 어떻게 하면 많이 나오게 할 수 있을까요?

성장호르몬은 생활습관이나 체격, 운동, 영양 섭취에 많은 영향을 받습니다. 요즘 아이들은 부모님 세대와는 다르게 섭취하는 음식이나 생활환경이 다르다 보니 성호르몬이 빨리 분비되어 사춘기가 일찍 옵니다. 그만큼 크는 시기가 앞당겨진 셈이죠. 그렇다 보니 성장호르몬에 대한 관심도 더 커질 수밖에 없는데요. 성장호르몬은 아이의 생활습관이나 체격, 운동, 영양 섭취에 큰 영향을 받습니다. 일반적으로 성장호르몬은 잠이 들고 한두 시간 후인 숙면 중일 때와 운동을 시작하여 약 30분 정도가 지난 후에 가장 많이 분비됩니다. 그러므로 숙면을 취하는 것과 적당한 운동을 하는 것이 성장호르몬 분비를 촉진시켜 키 성장에 도움이 됩니다.

숙면을 취하라 – 성장호르몬은 잠을 잘 때 많이 분비된다. 특히 밤 10시~새벽 2시에는 하루 분비량의 60~70퍼센트가 분비되는데 성장호르몬의 분비를 극대화하기 위해서는 이 시간대에는 꼭 숙면을 취해야 한다.

스트레스를 피하라 – 스트레스는 성장호르몬의 분비를 방해하기 때문에 스트레스를 받지 않도록 해야 한다. 긍정적인 사고를 갖도록 노력하고 즐거운 마음으로 생활하자.

- **규칙적인 운동을 하라** - 성장호르몬은 잘 때와 운동을 할 때 가장 많이 분비되기 때문에 성장을 위해 운동은 필수적이다.
- **균형 잡힌 영양을 섭취하라** - 균형 잡힌 영양의 섭취는 호르몬의 생성을 위해선 필수적이다.

성장호르몬 주사를 맞으면 키가 클까요?

저희 아이가 반에서 키 작기로 1, 2등을 다투는데 마음이 좋지 않네요. 게다가 1년 동안 키 자라는 것을 살펴보니 2센티미터 정도예요. 주위에서 성장호르몬 주사를 맞으면 키가 쑥쑥 큰다는데 정말 그런가요? 그리고 저희 아이가 3학년인데 지금 치료해도 늦지 않은가요?

같은 나이 100명의 아이들 중에서 가장 작은 3명 안에 들어갈 경우 저신장증이라고 말할 수 있는데 이러한 저신장증으로 키가 크지 않는 아이의 대부분은 성장호르몬의 투여로 성장이 가능합니다. 그런데 성장호르몬은 뼈가 자라고 있는 동안, 즉 사춘기가 끝나기 전에 투여해야 치료 효과를 볼 수 있습니다. 가능하면 성장판이 닫히기 전이어야 하며 8~10세 전후가 적당합니다. 성장호르몬 주사는 성장호르몬 결핍증 환자, 만성신부전으로 키가 작은 경우, 터너증후군여성에게 나타나는 성염색체 이상이 있는 병에서만 효과가 확실하여 의료보험 혜택을 받을 수 있습니다. 위 세 가지 질병이 아닌 경우에는 보험 혜택을 받지 못하며 1년에 7백~천만 원 정도 비용이 듭니다.

그런데 성장호르몬을 투여한다고 해서 다 키가 쑥쑥 자라는 것은 아닙니다. 성장호르몬의 효과가 있는 사람도 있고 없는 사람도 있습니다. 또 성장호르몬을 맞을 때는 많이 크다가 맞지 않을 때는 정상 성장 속도가 감소되는 경우도 있으며, 정상 성장 속도가 유지되어도 키가 원래 키보다 더 크는 경우도 있습니다.

성장호르몬과 키 성장에 관한 과학적인 자료가 아직은 많이 부족하여 성장호르몬을 적극적으로 권하기는 어렵습니다. 그러나 키를 크게 하기 위한 갖가지 방법에도 불구하고 키가 작아 고민하는 아이들을 위한 한 가지 해결책이 될 수는 있을 것입니다.

 Dr. 클리닉

더디게 자라는 우리 아이 성장호르몬 결핍증?!

✚ 성장호르몬 결핍증이란?

뇌하수체 및 뇌하수체 상부에 존재하는 시상하부에 문제가 있을 경우 성장호르몬 생성이 감소되며 이에 따른 성장장애 질환을 성장호르몬 결핍증이라고 한다.

✚ 성장 속도가 1년에 4센티미터 미만인 경우이거나 또래 나이에 비해 현저히 작은 저신장증인 경우

같은 나이 100명의 아이들 중에서 가장 작은 3명 안에 드는 경우나 운동과 적절한 영양 섭취를 하는데도 1년에 4센티미터 이하로 자란다면 일단 병이 아닌지 검사를 해야 하고 검사 결과 성장호르몬 결핍증이 의심되면 치료를 해야 한다. 특히 여자아이의 경우 지나치게 일찍 가슴 멍울이 생길 경우 일찍 성장이 멈추게 되는 성조숙증의 가능성도 있으니 반드시 검사를 받아봐야 한다.

✚ 뼈 나이가 현저하게 어릴 경우

뼈 나이를 찍어왼쪽 손 및 손목의 X-선 촬영 실제 나이보다 현저히 어리게 나타나는 경우에서도 성장호르몬 결핍증을 의심할 수 있다.

✚ 출생 시 난산으로 뇌하수체 및 시상하부의 손상이 발생한 경우

선천성 성장호르몬 결핍증은 대부분은 출생 시 발생하는 문제로 인해 생긴다. 즉 태어날 때 둔위분만엉덩이부터 아기가 분만되는 경우 등으로 난산이었던 경우 머리에 심한 손상이 발생할 수 있으며 이로 인해 뇌하수체 및 시상하부의 손상이 발생할 수 있다.

✚ 후천적인 성장호르몬 결핍은 뇌종양이 원인

후천성 성장호르몬 결핍증은 대부분 뇌종양으로 인해 발생한다. 그 외에도 뇌염 및 뇌막염이 있는 경우, 방사선에 의해 뇌 손상이 있는 경우 등도 그 원인이 될 수 있다.

키 쑥쑥 상담실 - 성장통

밤만 되면 다리가 아프다, 발이 아프다 하며 보채는 아이들이 있다. 아무리 살펴보아도 특별히 다치거나 불편한 곳이 없어 보이는데 아이는 아프다며 힘들어 하니 지켜보는 엄마의 마음도 같이 아프다.

"다 크려고 그러는 거란다."

어르신들은 우리가 자랄 때도 다 그렇게 아프며 컸다 하신다. 아무리 '아픈 만큼 성숙한다'지만 내 아이만큼은 아프지도 말고 다치지도 말고 그저 튼튼 쑥쑥 자라주었으면 좋겠는 게 솔직한 바람이다. 아이들이 성장하는 과정에서 자연스런 현상이라는 성장통, 피할 수 없다면 줄이는 방법이라도 알아두면 좋을 것 같은데 말이다.

 성장통은 어떤 증세를 말하는 거죠?

아이가 밤만 되면 발이나 다리가 아프다고 보채곤 합니다. 아프다는 부위를 주물러주면 곧 다시 잠이 듭니다. 이상한 것은 다음날 아침이면 언제 그런 일이 있었냐는 식으로 잘 뛰어놉니다. 그래서 별일 아닌가 보다 하고 병원에 가볼 생각도 하지 않았는데 며칠 전부터 다시 발이 아프다며 밤에 또 보챕니다. 주위에선 성장통이라며 괜찮다고 하는데요. 성장통은 어떤 증세가 나타나는 건가요?

 성장통이란 성장기 아이에게서 생기는 하지의 통증 현상을 일

컫는 말입니다. 보통 2세부터 9세 사이의 성장기 아이들이 종아리나 허벅지의 근육, 무릎관절 등 다리의 관절에 뚜렷한 원인 없이 당긴다거나 아프다고 호소하는 질환을 말합니다. 발생 시간은 보통 잠들기 시작하는 밤 시간대이며 통증이 나타나는 곳은 대부분 다리 부분입니다. 눌러서 뚜렷하게 아픈 곳도 없고 움직여봐도 잘 움직입니다. 어떤 경우는 한쪽 다리만 아프고 또 어떤 경우는 양쪽 다리가 모두 아프기도 하죠. 이러한 동통은 간헐적으로, 즉 아팠다 안 아팠다 하는 것이 반복되며 수일에서 수개월간 증상이 없다가 다시 재발할 수도 있습니다. 낮에는 잘 놀다가 주로 저녁에 통증을 호소하고 심지어 이러한 통증으로 밤에 잠에서 깨기도 하지만 다음날 아침에는 언제 그랬냐는 듯 증상이 사라집니다. 이러한 성장통은 주변에서 비교적 흔히 볼 수 있고 통계에 의하면 전체 어린이의 약 30퍼센트가 경험한다고 합니다.

성장통 이외의 다른 원인으로 인한 통증을 구별하는 방법이 있나요?

2학년 된 저희 아들이 1주일 전부터 다리가 아프다고 합니다. 밤이 되면 더 심하게 아파하는 것 같고요. 낮에도 가끔씩 아프다고 하네요. 아이 아빠는 성장통이라며 시간이 지나면 괜찮아진다며 걱정할 필요 없다고 말하는데, 혹시나 다른 이유로 아픈 것은 아닐까 걱정이 됩니다. 성장통과 그와 유사한 질병을 구분할 수 있는 방법이 있나요?

통증이 지속적이고 붓거나 열이 있는 것 같다면 다른 원인을 의심해야 합니다. 아이의 다리 통증이 성장통일 경우, 특별한 치료는 필요 없습니다. 그렇지만 주의해야 할 것은 성장통과 유사한 증상을 유발하는 다른 심각한 질병과의 감별이 필요하다는 것입니다. 통증을 유발하는 정확한 원인을 알기 위해서는 피검사나 방사선 촬영, 그 외 다른 여러 가지 의학적 검사를 받아봐야 합니다. 간단히 보호자가 확인 가능한 구별법을 알아두는 것도 도움이 됩니다.

💡 아침에도 계속해서 동통을 호소하고 걸을 때 절룩거리거나 붓거나 열감이 있다.

💡 어느 특정 부위에 한정해서 통증이 느껴진다.

💡 통증이 지속적이며 다리를 움직이면 매우 아파하고 열이 나는 등 전신적 증상을 동반한다.

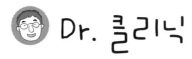
Dr. 클리닉

성장통의 통증을 줄이는 방법

성장통은 특별한 치료를 하지 않아도 대개는 자연히 통증이 소멸되는 것이 일반적이다. 그러나 아이가 밤에 잠을 잘 못 잘 정도로 통증을 심하게 호소할 경우 통증을 줄여주는 것이 중요하다.

✛ 활동량을 줄여라

우선 낮에 아이의 활동량을 점검하여 만약 다소 과하게 활동을 했다면 활동량을 줄여주는 것이 필요하다. 필요하면 유치원 선생님이나 학교 선생님에게 도움을 요청하여 아이의 운동량을 어느 정도 조절하는 것이 중요하다.

✛ 매일 스트레칭을 한다

잠자기 전에 아이의 다리와 골반 근육을 쭉쭉 펴주는 스트레칭 운동으로 통증을 예방할 수 있다.

✛ 찜질이나 마사지를 한다

밤에 아이가 통증을 호소할 경우에는 해당 부위에 따뜻한 찜질이나 마사지를 해 통증을 줄일 수 있다.

✛ 통증이 심할 때는 처방을 받아 약을 복용한다

보통 성장통의 경우 진통제 등의 약물치료는 불필요하지만 통증이 심할 때는 의사의 지시에 따라 적당한 양의 진통제를 처방 받아 복용하는 것도 도움이 된다.

✛ 사랑과 관심을 주자

아이의 통증에 대한 부모님들의 지속적인 관찰과 관심이 제일 중요하다.

키 쑥쑥 상담실 – 무거운 책가방

하교시간, 학교 앞에는 아이를 기다리는 엄마들의 모습이 여기저기 눈에 띈다. 아이와 반가운 인사는 잠시, 아이의 책가방을 받아 들고 엄마는 집으로 아이는 학원으로 향한다. 어찌 보면 '참, 극성스럽다'고 말할 만도 하지만 아이의 책가방을 메고 집으로 향하는 엄마의 어깨를 보니 그 마음이 이해가 된다. 엄마에게도 무거운 저 가방이 조그만 내 아이의 어깨와 등을 짓누른다고 생각하면 단 5분이라도 그 짐을 덜어주고 싶은 게 부모의 마음이다.

 무거운 책가방이 아이의 키에 영향을 끼칠까요?

아이가 그렇잖아도 왜소한 체격이라 마음이 쓰이는데 매일 아침 무거운 책가방을 메고 학교에 가는 모습을 보면 정말 대신 들어주고 싶은 마음도 들어요. 혹시 무거운 책가방이 아이의 키 성장에 나쁜 영향을 끼치지는 않을까요?

오랜 시간 무거운 가방을 메고 있으면 척추의 변형 등 성장에 좋지 않은 영향을 줍니다. 가방의 무게는 보통 자기 몸무게의 10퍼센트를 넘지 않는 게 적당합니다. 만약 가방의 무게가 체중의 15퍼센트를 넘게 되면 신체에 무리를 주어서 두 어깨와 목덜미 및 등의 근육에 무리가 가게 되고 이런 상태가 지속이 되면 골 관절의 발달에 지장을 주

163

게 됩니다. 그러므로 아이들의 책가방은 가능한 가볍게 하는 것이 좋으며 이를 위하여 가끔 아이의 책가방 무게를 재보는 게 좋습니다. 아이들이 뚱뚱해져 몸무게가 과체중이 되면 건강에 좋지 않다고 다이어트도 시키고 운동도 하게 하는 등 갖은 노력을 다하죠. 뚱뚱해진 몸만큼이나 우리 아이들을 무겁게 짓누르는 것이 또 있으니 그것이 바로 아이들이 매일 어깨에 메고 다니는 무거운 책가방입니다. 따라서 책가방도 이젠 다이어트가 필요합니다.

 가방을 구입할 때 특별히 주의해야 할 점이 있나요?

아이의 생일선물로 책가방을 사 주려고 합니다. 디자인도 중요하지만 기왕이면 실용적이고 아이가 불편을 덜 느끼는 걸로 사 주고 싶은데 가방을 구입할 때 특별히 주의해야 할 점이 있을까요?

가방을 구입할 때에는 튼튼하고 가벼운 가방이 좋습니다. 또한 가방에 작은 주머니가 많이 부착된 형태는 피하는 것이 좋습니다. 작은 주머니가 많으면 사용하기에는 편리하겠지만 그 자체로 무거워지기도 하고 평소에 작은 주머니에 별로 필요도 없는 잡동사니들을 이것저것 넣고 다니는 습관이 생길 수도 있습니다.

시중에는 여러 가지 모양의 가방이 나와 있습니다. 예를 들면 등에 메고 다니는 형태, 손으로 들고 다니는 형태, 옆으로 메는 형태, 바퀴가 달려 끌고 다닐 수 있는 형태의 가방 등 매우 다양합니다. 가방의 형태에 따른 각각의 장단점은 다음 표에 정리한 것과 같습니다. 이를 잘 활용 해보시기 바랍니다.

	등에 메는 가방	옆으로 메는 가방	손으로 드는 가방	끌고 다니는 가방
장점	두 어깨에 같은 정도의 압력이 가해지므로 신체에 균형을 유지할 수 있다.	휴대가 간편하고 양손을 사용할 수 있다.	대체로 가벼운 물건을 들기에 적합하다.	무거운 물건이라도 별 무리 없이 끌고 다닐 수 있다.
단점	무거운 가방을 오랫동안 메고 다니면 거북이 등처럼 구부러질 수 있다.	어깨와 목에 통증이 오기 쉽다. 걷는 자세도 비뚤게 된다.	무거운 물건을 오랜 시간 동안 들고 있게 되면 신체 불균형을 초래한다.	층계를 오를 때 불편하며 한 손으로만 끌게 되면 역시 자세 이상이 초래된다.

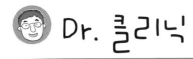 Dr. 클리닉

가방 메는 올바른 습관

✚ 양 어깨 끈의 길이를 같게 한다

어깨 끈의 길이가 서로 다르면 한쪽 어깨에 과도한 압력이 가해지고 이차적으로 척추에도 좋지 않은 영향을 미치게 된다.

✚ 가방 안에는 꼭 필요한 학용품만 넣어 다닌다

이것저것 불필요한 것들은 가방의 무게를 무겁게 해 통증이나 자세 이상을 가져온다.

✚ 메는 가방은 등에 붙을 정도로 길이를 조절한다

등에 메고 다니는 책가방은 끈의 길이 조절도 중요하다. 만약 가방이 등에 딱 붙어 있지 않고 흔들거리게 되면 몸의 움직임이 원활하지 못하고 무게감이 더 생겨 무겁게 느끼게 된다.

키 쑥쑥 상담실 - 키 성장에 나쁜 자세

가끔은 아이들도 새우잠을 잘 때가 있다. 한참을 같은 자세로 웅크려 자고 있는 아이를 보면 안쓰러운 마음과 함께 걱정스런 마음도 든다. 팔다리 쭉쭉 뻗고 편하게 자야 자는 동안 쑥쑥 자라줄 텐데 말이다. 일상생활 속에서 은연중에 드러나는 아이의 나쁜 자세는 아이의 건강은 물론이고 성장에도 좋지 않다.

 잠잘 때 어떤 자세가 키 크는 데 도움이 될까요?

아이가 잠을 잘 때 보면 엎드려서 자거나, 아니면 모로 누워서 새우잠을 자는데 얼핏 듣기에 이런 자세는 키 크는 데 좋지 않다고 하더라고요. 정말 좋지 않은 자세로 잠을 자면 키가 잘 자라지 않나요? 그리고 혹시 아이의 체형에도 변화를 주나요?

잠잘 때의 자세는 똑바로 누운 자세를 유지하게 해야 합니다. 새우잠을 자면 혈액순환이 잘되지 않아 성장에도 좋지 않습니다. 가능하면 팔다리를 가장 편안한 상태로 늘어뜨린 채 자는 것이 혈액순환이 잘돼 성장에 좋습니다. 또 너무 푹신푹신한 침대는 척추에 무리를 줄 수 있어 키 성장에 좋지 않습니다. 가급적 방바닥에 두꺼운 요를 깔고 자게 하고, 또 너무 높은 베개는 경추, 즉 목뼈에 무리가 되기 때문에 잠을 푹 자는 데 방해가 되니 작고 둥근 모양의 베개를 권합니다.

공부할 때 자세도 키 크기에 영향을 준다면서요?

아이가 책상에 앉아 공부할 때 보면 좀 삐딱하게 앉거든요. 게다가 배를 쭉 내밀고 고개는 푹 숙인 채 공부를 하는데 나중에 일어나면 허리가 아프다, 목이 아프다 합니다. 아무래도 아이의 나쁜 자세가 척추에 무리를 주는 것 같아서요. 의자에 앉아 공부할 때 올바른 자세는 어떤 자세인가요?

허리를 똑바로 유지하고, 의자에 바짝 붙여 앉게 하세요. 그리고 책상과 의자의 높이도 아이의 체형에 맞추는 게 좋습니다. 요즘 아이들은 학교에서뿐만 아니라 집에서도 책을 읽거나 공부를 하는 등 책상에 앉아 있는 시간이 많습니다. 특히 밖에서 뛰어노는 것보다 컴퓨터 게임을 하는 시간이 많이 늘어나다 보니 의자에 앉아 있는 시간이 훨씬 더 늘어나고 있습니다. 그런데 이렇게 오랜 시간 동안 의자에 앉아 있을 때 자세가 삐딱하면 당연히 척추에 무리가 갈 수밖에 없습니다. 그리고 급성장기에 있는 아이들은 이때 척추가 변형되어버릴 수도 있는데 이런 척추의 변형은 키의 성장에 나쁜 영향을 끼치게 되죠. 이런 척추의 변형을 예방하려면 우선 아이가 의자에 앉을 때의 자세를 유심히 보고 올바르게 교정을 해줘야 합니다. 엉덩이와 등을 의자의 등받이에 붙이고 발바닥은 땅에 닿도록 자세를 취하는 게 좋답니다. 그리고 책상을 당겨서 배가 닿을 수 있도록 하고 책은 몸에서 약 30여 센티미터 정도 거리를 두고 읽거나 쓰는 게 좋습니다.

 아이의 나쁜 자세를 쉽게 고칠 수 있는 방법이 있을까요?
평소 아이가 구부정한 자세로 지냅니다. 앉은 자세일 때 더 심하게 구부정하네요. 매번 허리 펴고 앉으라고 잔소리를 하는데도 잘 고쳐지질 않습니다. 좋은 방법이 없을까요?

올바른 자세를 갖추게 하기 위해서 정서적인 안정이 중요합니다. 좋은 자세와 습관을 들이기 위해서 아이에게 닦달을 하는 건 반발감만 갖게 합니다. 자세나 행동을 가르칠 때는 먼저 부모가 시범을 보여주고 실천하는 모습을 보여주어야 합니다. 올바르지 않은 자세 못지않게 키 성장에 나쁜 것이 스트레스입니다. 부모의 사랑과 지속적인 관심으로 아이 스스로 즐거운 마음으로 자세를 고칠 수 있도록 유도해야 합니다. 예를 들면 부모와 함께 하는 상체 스트레칭 운동을 통하여 아이는 등을 곧게 펴는 것을 하나의 즐거운 '놀이'로 인식할 수 있습니다.

 척추측만증이 키에 영향을 줄까요?

중학교에 입학한 딸아이의 교복을 챙겨 입히던 중 골반이 비스듬하고 학생 치마 끝자락의 양쪽이 차이가 나는 것을 알고서도 그냥 지내다 목욕탕에서 우연히 등을 밀어주는데 등뼈가 약간 비뚤어진 것 같았습니다. 혹시 척추측만증이 아닌가 의심이 되긴 했으나 허리가 아픈 것도 아니고 해서 그냥 두었는데 갈수록 걱정입니다. 혹시 측만증 때문에 아이의 키가 작아지는 것은 아닌가요? 나중에 어른이 되면 허리 때문에 고생도 많이 한다는데 어떻게 하면 좋을지요? 병원에 가서 진찰을 받고 싶어도 겁이 납니다.

일반적으로 척추측만증은 나이가 어려서 발생할수록 나중에 휘어지는 정도가 심하게 됩니다. 왜냐하면 아이의 키가 자라는 성장기 동안 척추도 계속해서 같이 휘어지기 때문입니다. 특히 키가 무럭무럭 자라는 시기인 사춘기에는 키가 크는 만큼 척추측만증도 급격히 나빠지게 됩니다. 그러나 키의 성장이 끝나면 척추측만증의 진행도 같이 멈추기 때문에 성장이 끝나는 시기에 측만증의 정도가 심하지 않다면 더 이상의 적극적인 치료 없이 경과 관찰만 해도 충분한 경우가 많습니다. 즉, 사춘기를 무사히 보내면 척추측만증의 공포에서 자유로워질 수 있는 것입니다. 측만증과 요통의 관계에 대해선 논란이 있으나 척추측만증과 요통은 관계가 없다는 게 아직은 우세합니다. 척추측만증과 키의 성장도 서로 직접적인 관계가 없습니다. 다만 척추측만증으로 등뼈가 옆으로 휘어지게 되면 그만큼 키가 작아 보일 수는 있습니다. 측만증이 있어도 키 성장에 중요한 다리 뼈의 성장에는 아무런 지장이 없습니다. 의학적으로 밝혀진 바로는 척추의 휘어진 정도가 40~50도 이하인 경우는 외형상 등뼈가 약간 휘어져 보인다는 것 이외에는 다른 일상 생활에 지장이 없으므로 더 이상 휘어지지만 않는다면 큰 문제가 없습니다. 그러나 늦게 발견되거나 치료를 소홀히 하여 휘어진 각도가 40~50도 이상이 되면 등을 편 채 척추 뼈 전체를 굳혀야 하는 큰 수술을 받아야 하므로 주의를 요합니다.

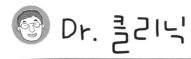

Dr. 클리닉

공부하는 자세도 체크하자

✚ 책상과 의자의 높이를 맞추자

올바른 자세로 공부하기 위해서는 책상과 의자의 높이가 중요하다. 책상의 높이는 배꼽과 명치의 중간 정도가 적당하고, 의자는 앉았을 때 발바닥이 땅에 닿을 수 있는 높이여야 한다. 책상이 너무 높거나 낮으면 그만큼 자세가 나빠지면서 척추 변형의 가능성이 커지기 때문에 주의해야 한다. 그리고 의자는 바퀴가 없는 게 올바른 자세를 유지하는 데 좋다. 앉았을 때 의자가 자주 움직이면 올바른 자세를 유지하기 힘들고 자꾸만 자세가 삐딱하고 틀어질 수 있어 안 좋다. 또한 의자의 등받이 높이는 등 정도까지 오는 게 좋다.

✚ 책을 볼 때도 올바른 자세를 유지해야 한다

책이나 노트를 몸에 바짝 붙여 보면 당연히 상체를 앞으로 숙이게 되어 목이나 흉부의 척추가 뒤틀리거나 변형이 생길 수 있다. 그리고 많은 아이들이 책이나 노트를 삐딱하게 놓고 보는데, 오른손잡이를 기준으로 왼쪽으로 치우치게 놓고 몸을 돌려서 책이나 노트를 보게 된다. 이럴 때 척추를 비틀게 되어 측만증이 발생할 수 있으니 바른 자세뿐만 아니라 책도 똑바로 놓고 보는 습관을 갖게 한다.

✚ 다리의 혈액 순환을 원활하게 해주어야 한다

의자에 오래 앉아 있으면 다리를 꼬게 되거나 무릎을 구부리게 되는데 가급적이면 의자에 앉아 있을 때도 스트레칭을 하는 기분으로 쭉 뻗고 있는 게 좋다. 그렇게 되면 다리의 혈액순환이 원활해져 키 성장에 도움이 된다. 또한 엉덩이를 의자 끝에 붙여서 허리를 꼿꼿하게 세우고 다리를 펴도록 한다.

궁금해요,
뼈 튼튼 비결

뼈 튼튼 상담실 - O자형 다리

어린아이의 다리 모양은 어딘지 모르게 어색해 보인다. 오동통 귀엽기
도 하지만 자세히 보면 다리가 밖으로 휜 O자 모양이라 그리 예쁘지만
은 않다. 게다가 아이가 실제로 걷는 모양새를 봐도 위태위태해 불안하
기만 하다.

💙 휜 다리 그림

우리가 흔히 말하는 O자형 다리는 의학 용어로 '내반슬'이라고 한다. 두 다리를 한데 모으고 차렷 자세로 섰을 때, 무릎이 서로 붙지 않고 밖으로 휜 모양을 띠는 특징이 있다.

👩 **업거나 보행기를 태우는 게 다리 모양을 변하게 하나요?**
14개월 된 저희 아이의 다리가 휜 것 같아요. 아이를 많이 업어주거나 보행기를 자주 태우면 O자형 다리가 된다는데 사실인가요?

👨 우리가 흔히 볼 수 있는 출생 후 2세 전후까지의 영아에서 나타나는 휜 다리는 정상적인 현상입니다. 그러므로 아이를 많이 업어주거나 보행기를 오래 태우는 것과는 상관이 없습니다. 업어주거나 보행기를 태우는 일이 거의 없는 아이에게서도 이러한 생리적 형태의 O자형 다리는 흔히 볼 수 있습니다.

쭉쭉이 체조나 보조기가 휜 다리 교정에 도움이 될까요?

8개월 된 아이의 다리 모양이 휜 듯합니다. 생리적 현상에 의한 O자형 다리가 아무리 저절로 좋아진다지만 혹시 치료를 하지 않고 그냥 놔두었다가 나중에 보기 싫을 정도로 더 심해지는 건 아닌지 걱정입니다. 미리 쭉쭉이 체조를 하든지 보조기를 해두는 게 좋지 않을까요?

1세 미만의 소아는 쭉쭉이 체조를 자제하는 게 좋습니다. 실제로 O자형 다리는 아이들이 성장하는 과정에 가장 흔히 보이는 변형입니다. 그렇지만 이렇게 외형상 보기 싫을 뿐 아니라 실제 보행 시에도 불편한 변형을 그냥 둔다는 게 쉬운 일은 아니죠. 그래서 이러한 변형을 똑바르게 펴고자 다리를 쭉쭉 펴주는 쭉쭉이 체조를 하는 경우가 많은데 앞서 말했듯이 만 1세 미만의 소아라면 자제하셔야 합니다. 내 아이에게 날씬하고 쭉쭉 뻗은 다리 모양을 만들어주고 싶은 마음이야 당연하지만 고관절의 발달이 충분히 되어 있지 않은 만 1세 미만의 소아의 경우에는 이러한 쭉쭉이 체조가 오히려 고관절의 정상적인 발달에 지장을 줄 수 있습니다.

그러니 아이의 쭉쭉 뻗은 예쁜 다리 만들기는 만 2세 이후로 잠시 미뤄두세요. 만 2세 이상이라면 고관절에 이상이 없다는 것을 확인한 후라 다리를 쭉쭉 펴주는 등의 스트레칭 체조로 다리를 곧게 하는 데 도움이 될 수 있거든요. 그리고 정상 성장 과정에서의 O자형 다리는 보조기나 수술적 치료가 필요하지 않으니 아이의 다리 모양이 저절로 좋아지는 만 2세까지는 느긋한 마음으로 지켜봐주세요.

 O자형 다리는 놔두면 저절로 좋아진다는데?
저희 애는 세 살이 되었는데도 다리 모양이 O자형이에요. 남자아이라 보기에 그다지 나쁘진 않은데, 그냥 둬야 할지 병원에 가봐야 할지 모르겠어요. 어떡하죠?

만 2세가 지났는데도 다리의 모양이 밖으로 휘어 있다면 병적인 형태의 O자형 다리를 의심해봐야 합니다. 병적인 형태의 O자형 다리는 저절로 좋아지지 않기 때문에 반드시 전문의에게 정확한 진료를 받고 조기에 치료를 해야 합니다. 병적인 형태의 O자형 다리의 원인으로는 구루병이나 골단이형성증, 대사 이상과 같은 질병에 의한 경우가 대부분이라서 단순히 눈에 보이는 미관상의 문제만이 아닙니다. 병적인 원인에 의해 휜 다리의 정도가 심해진 경우에 적절한 치료를 받지 못하면 나중에 이상한 모양으로 보행을 하게 될 수도 있습니다. 이보다 더 심각한 것은 골반과 고관절, 대퇴골이 비틀어짐에 따라 체중이 비정상적으로 무릎에 가해져 무릎관절에 무리를 주고 퇴행성관절염을 유발한다는 것이죠. 게다가 휜 다리로 인해 척추가 휘는 척추측만증이나 요통, 디스크가 나타나기도 하니 반드시 적절한 치료가 필요합니다.

다리가 휘어진 정도가 심한 것 같은데 검사를 받아봐야 할까요?

이제 돌을 막 지난 저희 애가 다른 애들과 비교할 때 다리가 좀 더 심하게 휜 것 같아 걱정입니다. 아무리 O자형 다리가 그 또래에서 흔하다지만 휜 정도가 심하면 병원에 가야 하는 게 아닐까요?

똑같이 감기에 걸려도 콧물만 흘리는 아이가 있는가 하면, 기침에 고열에 콧물까지 흘리며 심하게 앓는 아이도 있습니다. 휜 다리도 마찬가지입니다. 아이가 자라는 과정에서 정상적으로 나타나는 생리적 변형에 의한 O자형 다리도 그 휜 정도는 아이에 따라 차이가 있습니다. 조금 심하게 휘어진 아이도 있고 정도가 그리 심하지 않은 아이도 있답니다. 그러니 내 아이의 다리가 다른 아이에 비해 조금 더 심하게 휘어져 보여도 생리적 형태의 O자형 다리라면 별로 걱정하지 않아도 됩니다.

하지만 2세 미만이라도 저절로 좋아지지 않고 점점 더 휘어진다든지 좌·우 양측이 비대칭으로 휘어져 있다면 병적인 원인에 의한 O자형 다리일 수 있으니 전문의를 찾아봐야 합니다.

다음 페이지의 휜 다리 엑스레이의 경우, 1세 때 O자형으로 휘어져 있었으나 진찰 결과 정상 발달과정으로 판단되어 아무런 치료를 하지 않았는데 3세 때 다리가 저절로 곧게 펴진 모습이 되었습니다.

💛 휜 다리가 저절로 좋아지는 그림

6개월

1세

2세

3세

 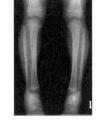

Dr. 클리닉

한눈에 보는 O자형 다리의 치료 방법

나이	신생아~1세	1세~2세	2세 이후
치료	치료가 필요 없다.	무릎을 구부리고 앉거나 엎드려 자는 것을 피해야 한다.	질병의 원인을 알기 위해 X선 검사를 할 수도 있다.
주의 사항	10~15도 정도의 휜 다리는 정상적인 발달 과정이다.	생후 18개월까지 증상이 저절로 호전되면 치료가 필요 없다.	원인에 따른 전문적 치료가 필요하다.

뼈 튼튼 상담실 – X자형 다리

아장아장 걸음마 시기를 넘기고 좀 제대로 걷나 싶었더니 다리 모양이
이제 밖으로 휜 X자 모양이 되었다. 가끔은 무릎이 서로 부딪히는 것도
같은데 저렇게 걸으면 아프지는 않은지, 불편하지는 않을지 옆에서 지
켜보는 엄마는 걱정이 이만저만이 아니다.

이젠 말귀도 제법 알아듣는 것 같아 "그게 아니라 이렇게 걸어야지"
라며 나름대로 예쁘게 걷기를 코칭해보지만 말처럼 쉽지가 않다. 이를
어째? 자세히 보니 단순히 걸음걸이의 문제가 아니라 아이의 다리 모
양이 X자형이다.

💙 X자형 다리 모양

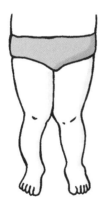

우리가 흔히 말하는 X자형 다리는 의학 용어로 '외반슬'이라고 하는데 양 무릎을 붙이고 곧게 편 채 차렷 자세로 섰을 때 무릎 이하 부위가 바깥으로 벌어져 있고 양 발목이 닿지 않아 어른의 주먹 한 개 이상이 들어갈 정도로 발목이 벌어지는 모양을 띤다.

 잘 넘어져서 무릎에 상처가 끊이질 않는데, 다리 모양 탓일까요?

초등학교 2학년인 저희 아이가 학교에서 달리기 연습을 할 때 자주 넘어지는 모양입니다. 양호 선생님께서 아이가 자주 넘어지는 것이 다리 모양과 관련이 있을지 모른다고 정형외과에서 정밀진단을 받아보라고 권하시네요. 실제 아이의 다리 모양이 X자형으로 휘어져 있기는 한데 자주 넘어지는 것이 다리 모양과 연관이 있나요? 만약 그렇다면 교정할 방법은 없는지 궁금합니다.

아이가 걸을 때나 뛸 때 자기 무릎에 걸려 넘어지는 일이 잦다면 반드시 아이의 무릎 모양이 X자형으로 휘어져 있지 않은지 확인을 해봐야 합니다. 일반적으로 X자형 다리의 출현 시기아이의 나이에 따라 정상적인 변형으로 인한 생리적 현상인지 비정상적인 변형으로 인한 병적 현상인지 알 수 있습니다. 보통은 만 2세에서 10세 사이의 X자형 다리는 성장의 자연스러운 현상이라 볼 수 있는데 아이가 초등학교 2학년이면 다리 모양이 곧아지기 시작하는 7세~10세 사이이므로 관찰이 필요한 시기입니다. 만약, 10세 이후에도 다리의 휘어진 정도가 눈

에 띌 정도면 소아정형외과에서 그 원인을 파악하여 원인에 따른 전문
적 치료를 받아봐야 합니다.

 휜 다리 바로잡기 위해 보조기를 사용하는 건 어떨까요?
여섯 살 된 딸아이의 다리 모양이 바깥으로 많이 휘었습니다. 여덟 살
된 오빠도 다리가 바깥으로 휜 모양인데 자세히 살펴보면 딸아이가 더
심하게 휜 것 같아요. 나중에 어른이 되면 미니스커트도 입어야 할 텐
데 걱정입니다. 딸아이의 다리 모양을 바로잡아 주기 위해 보조기를 사
용하는 것은 어떨지 문의 드립니다.

 만 2세에서 10세 사이의 X자형 다리는 성장의 자연스러운 현상
이라고 볼 수 있습니다. 자연스러운 변형에서 보조기 사용은 그다지 도
움이 되지 않습니다. X자형 다리도 O자형 다리와 마찬가지로 아이에
따라 그 정도의 차이가 납니다. 딸아이다 보니 더 많이 염려스러워 하
는 마음 충분히 이해가 됩니다. 그러나 지나친 염려로 인해 불필요한
보조기를 사용하는 것은 오히려 성장기 아이에게 자기 신체에 대한 좋
지 않은 이미지를 심어줄 수 있습니다. 그래도 걱정이 된다면 소아정형
외과 전문의의 진찰을 받아보는 것도 좋습니다.

X자형 다리 언제쯤 저절로 좋아지나요?
저희 아이가 지금 네 살인데요. 신생아 때는 O자형 다리를 보이다가 지

금은 오히려 X자형 다리가 됐어요. O자형일 때 그냥 두면 저절로 좋아진다기에 그냥 두었더니 정말 돌 지나고는 다리가 곧아졌어요. 그런데 네 살이 되면서 다리가 오히려 무릎이 붙고 양 발목이 떨어지는 X자형을 보이네요. 이것도 그냥 두면 저절로 괜찮아질까요? 그렇다면 언제쯤 좋아질까요?

O자형 다리와 마찬가지로 X자형 다리도 그 발생 시기를 잘 살펴야 합니다. 다행히도 만 3세 전후의 X자형 다리는 대부분 정상적인 현상으로 95퍼센트 이상이 7세를 전후로 저절로 좋아지니 크게 걱정하지 않아도 됩니다. 아이들은 자라면서 다른 신체 부위와 마찬가지로 다리 모양도 변한답니다. 신생아 시기인 1~2세에는 O자형 다리 모양을 보이다가 2~3세에는 서서히 직선으로 곧아지고 3~4세가 되면 오히려 X자형으로 벌어지는 경우가 흔합니다. 그런 후 7~10세가 되면 비로소 어른처럼 다리가 곧게 펴지게 되죠. 따라서 만 2세에서 10세 사이의 X자형 다리는 성장의 자연스러운 현상이라고 볼 수 있습니다. 이런 경우 특별한 치료를 하지 않고도 저절로 좋아지는 경우가 많으니 너무 염려하지 않아도 됩니다. 그래도 염려가 된다면 다리가 곧아지는 시기인 7~10세 사이에 아이의 무릎 사진을 찍어놓았다가 몇 개월 후 비교해보는 것도 좋은 방법입니다.

15개월 된 저희 아이가 X자형 다리 모양을 보입니다. 큰 병이 있는 건 아닐까요?

이제 15개월 된 아이가 X자형 다리 모양을 보입니다. 애들은 더러 그럴 수 있다고 괜찮아진다고 하는 사람도 있고, 뼈에 이상이 있어서 그럴 수도 있다며 병원에 가서 검사를 받으라는 사람도 있습니다. 아이에게 큰 병이라도 있을까봐 걱정이 됩니다.

일반적으로 아이의 나이가 만 2세가 되지 않았는데도 다리가 X자형으로 휘어진 경우에는 병적인 원인에 의한 변형일 가능성이 큽니다. 따라서 반드시 소아정형외과 의사의 진찰을 받아 전신 골격 계통에 문제가 없는지 확인해야 합니다.

소수의 아이들에게서 병적인 원인에 의한 X자형 다리가 발견되는데 그 원인으로는 구루병, 가성 연골 무형성증 등을 들 수 있지만 이런 병들은 매우 드물게 발생하는 경우이므로 정확한 진단을 받기 전까지는 크게 걱정할 필요는 없습니다.

♥ 나이에 따른 무릎 각도의 변화

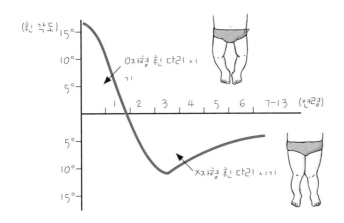

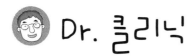 Dr. 클리닉

한눈에 보는 X자형 다리의 치료 방법

나이	신생아~2세 이전	2세~10세	10세 이후
치료	단순 방사선 촬영 골 대사 장애 검사를 한 다.	관찰을 요한다. 교정 신발은 필요하지 않 다.	20도 이상 휘어진 경 우 병적인 원인을 파 악해야 한다.
주의 사항	정상적인 현상이 아 니므로 전문의의 진 찰이 필요하다.	생리적 현상으로 자 연히 교정되므로 관 찰 정도로 충분하다.	원인에 따른 전문적 치료가 필요하다.

뼈 튼튼 상담실 - 안짱걸음

뒤뚱뒤뚱, 아장아장. 아이의 걸음걸이를 지켜보고 있노라면 괜스레 웃음이 난다. 뒤뚱거리는 모양새가 마치 귀여운 오리 같다. 그런데 한편으론 은근히 걱정도 된다. 어른이 되어서까지 저런 모양새로 걷는 건 아닌지, 불편하거나 아픈 건 아닌지, 따로 치료를 받아야 하는 건 아닌지 말이다.

 안짱걸음이 걸을 때 불편하지 않을까요?

13개월 된 저희 아이가 걸을 때 이상한 모양으로 걸어요. 오리같이 뒤뚱뒤뚱 걷는데 주위에서 안짱걸음이라고 하더군요. 그래서 그런지 다른 아이보다 잘 넘어집니다. 어른들은 그냥 두면 저절로 나아진다는데 외형상도 보기 싫지만 아이가 걷거나 뛰는 데 지장을 주지 않을까 걱정이 되네요.

 안짱걸음의 대부분은 자라는 과정에서 나타나는 정상적인 경우가 많으며, 시간이 지나면 대부분 아무런 조치 없이도 정상으로 돌아옵니다. 안짱걸음의 원인은 크게 세 가지로 허벅지 뼈가 꼬이는 것, 정강이뼈가 뒤틀리는 것, 발의 앞부분이 돌아가는 것으로 나눌 수 있습니다. 대개의 경우 8세에서 10세까지 저절로 좋아지지만 드물게는 교정이 필요한 경우도 있으며 이때 교정치료의 방법은 원인별로 다르답니다.

한편, 걸음마 시기의 아이가 넘어지는 것은 걸음을 배우는 과정이지 반드시 안짱걸음 때문은 아니랍니다. 또한 안짱걸음은 아이가 걷거나 뛰어노는 데 영향을 주지 않습니다.

 안짱걸음이 심한데 특수신발로 교정할 수 있을까요?
딸아이가 올해 여섯 살인데요. 안짱걸음이 좀 심한 것 같아요. 사실 제가 우리 아이에게 생후 9개월에 서게 하고 걷는 연습을 시켰거든요. 그게 잘못된 것일까봐 아이에게 미안한 마음이 듭니다. 걸음을 교정하려면 어떻게 해야 할까요? 안짱걸음을 교정할 수 있는 특수신발이 있다고 들었는데 도움이 될까요?

일반적으로 안짱걸음은 아이의 성장에 따른 골격 발달과 관계가 있습니다. 그러므로 아이를 너무 빨리 걷게 하는 것과는 별다른 관계가 없다고 볼 수 있죠. 그리고 교정기구나 특수신발은 연구 결과 별 효과가 없는 것으로 밝혀졌습니다. 대부분의 안짱걸음은 8세를 전후하여 저절로 교정되는 경향이 있으니 그다지 걱정하지 않아도 됩니다. 일단은 아이가 8세가 될 때까지 다리 모양을 관찰하는 것이 가장 바람직합니다. 8세가 지났는데도 증세가 나아지지 않는다면 전문의와 상담하여 적절한 치료를 받아야 합니다.

 아이가 평소 W자로 앉거나 엎드려 자는데 안짱걸음과 관계가 있을까요?

23개월 된 저희 딸이 앉을 때도 W자로 앉고 자주 엎드려 잡니다. 10개월 때부터 걸었는데 처음부터 지금까지 계속 안짱걸음을 합니다. 앉을 때 W자로 앉는 것이 안짱걸음을 더 심하게 하는 것 같은데 어떻게 해야 할지 모르겠어요. 고쳐질까요?

아이가 앉을 때 'W' 형태를 띠는 것은 안짱걸음 중 '대퇴골 내염전'일 가능성이 큽니다. 대퇴골 내염전으로 인한 안짱걸음은 대개 3~5세경에 발견되고, 남자아이보다는 여자아이에게서 더 흔하게 나타나는 증세라 외형상 좀 더 신경이 쓰이죠. 대퇴골 내염전에 의한 안짱걸음은 생후 4~6세까지 가장 심하다가 저절로 좋아지는 경우가 대부분이어서 8세 이전까지는 치료가 필요 없는 경우가 많습니다. 그래도

마음이 쓰인다면 안짱걸음 교정에 도움이 되는 생활습관을 익히는 것
도 좋습니다. 예를 들면 TV를 볼 때 양반다리로 앉게 하세요. 보거나 할
때 다리를 'W' 형태로 해서 앉는 것보다는 교정을 쉽게 하고 교정 시기
를 앞당겨주어 치료에 도움이 됩니다.

 **8개월 된 아기의 발이 안쪽으로 약간 휜 듯합니다. 교정 신발이 도움
이 될까요?**

고모가 8개월 된 저희 아기의 발을 보더니 안쪽으로 휜 것 같다고 하네
요. 발이 안쪽으로 휘면 나중에 걸을 때 안짱걸음을 걷는다며 교정 신
발을 신기라고 하는데, 정말 발이 안쪽으로 휘면 안짱걸음이 되나요?
교정 신발을 신기면 좀 나아질까요?

발의 앞부분이 안쪽으로 향하는 것은 돌 이전의 영아에서 흔히 볼 수 있는 변형으로 안짱걸음의 원인이 됩니다. 이런 현상을 보이는 아이의 90퍼센트는 대부분 저절로 교정이 되긴 하지만 약 10퍼센트 정도에서 고관절 탈구 등의 이상이 동반될 수 있습니다. 그래서 반드시 소아정형외과 전문의의 진찰을 받아 고관절에 이상이 없다는 것을 확인해야 합니다.

영아의 발은 유연해서 발의 앞부분을 바깥쪽으로 돌려주는 스트레칭 치료만으로도 좋아지는 경우가 많지만 상태가 심한 경우에는 보조 신발 착용이나 석고고정기브스 치료가 필요할 수도 있습니다.

심한 안짱걸음 수술로 교정할 수 있을까요?

다섯 살 된 저희 아들이 심하게 안짱걸음입니다. 시간이 지나면 저절로 좋아진다기에 기다리고는 있는데 별다르게 좋아지는 것 같지도 않아서 수술을 하면 도움이 될까 하는데 안짱다리도 수술로 나아질 수 있나요?

안짱걸음의 경우 실제로 수술을 하는 경우는 매우 드문 편입니다. 아이들은 성장하면서 뼈나 관절이 변하기 때문에 무턱대고 수술을 하는 것보다는 우선적으로 충분한 보존적 요법을 시행해보는 게 바람직하답니다. 아주 드물게 8세 이후에도 이러한 증상이 계속되거나 심해져서 일상생활이 불편할 때에만 수술적인 방법을 고려하는 게 좋습니다. 아직 아이가 5세이니 8세가 될 때까지는 좀 더 지켜보는 게 좋습니다. 매년 아이를 똑바로 세운 자세에서 다리 사진을 찍어두어 변화하는 과정을 살펴보는 것도 관찰에 도움이 됩니다.

 ## Dr. 클리닉

원인별로 알아보는 안짱걸음

안짱걸음은 원인에 따라 크게 세 가지로 나눌 수 있으며 각각의 원인에 따라 교정치료법이 다르다. 보통은 저절로 좋아지는 경우가 많지만 증세에 따라 교정치료가 도움이 되는 경우도 있으니 전문의와 상담해보는 것도 좋다.

✛ 대퇴골 내염전

- 허벅지 뼈가 꽈배기처럼 꼬인 현상으로, 걸을 때 고관절이 안쪽으로 돌게 되면서 안짱걸음이 발생한다.

- 부모가 검사하는 방법은 아이를 엎드리게 한 후 양 무릎은 90도 각도로 구부리게 하고, 양 다리는 천정을 향하게 한다. 다리를 바깥 방향으로 돌린 후 지면에 수직인 선과 다리 사이의 각도가 60도 이상이면 대퇴골 내염전을 의심할 수 있다.

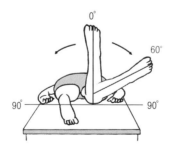

✚ 경골 내염전

━ 정강이뼈가 안쪽으로 뒤틀어져 안짱걸음이 발생한다.

━ 부모가 검사하는 방법은 엎드린 자세에서 무릎을 구부리게 하고 허벅지
와 발이 서로 이루는 각도를 측정하여 발이 안쪽으로 향하고 그 각도가
10도 이상이면 경골 내염전을 의심할 수 있다.

정상   0° 20°   10도 이상이면 경골 내염전 의심

✚ 중족골 내반증

━ 돌 이전의 영아에서 흔히 볼 수 있는 변형으로 발의 앞부분이 안쪽으로
향하여 안짱걸음이 발생한다.

━ 부모가 검사하는 방법은 발의 뒤꿈치를 이분하는 선을 발의 앞쪽으로 연
장하여 둘째 발가락과 셋째 발가락 사이로 지나면 정상적인 상태로 본다.
이때 만약, 셋째 발가락을 지나면 경도, 넷째 발가락을 지나면 중등도, 그
보다 심한 경우는 고도의 중족골 내반증으로 본다.

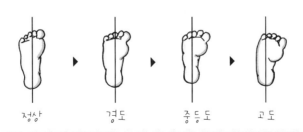

정상   경도   중등도   고도

뼈 튼튼 상담실 – 평발

길쭉하고 날렵해 보이는 엄마 아빠의 발과는 달리 통통하고 귀여운 아이의 발, '쪽!' 하고 입맞춤을 하다 우연히 눈에 들어온 아이의 발바닥을 보곤 놀란 적이 있을 것이다. 발바닥 가운데 있어야 할 아치 모양의 패인 곳이 없다. 그렇다면 우리 아이가 평발? 평발이면 걷거나 뛸 때 많이 불편할 텐데 이를 어쩌면 좋아. 병원에 가봐야 하는 거 아냐? 평발 교정신이 있다는데 그거 신으면 괜찮아지려나? 이런 경우 애들 발은 다 통통해서 평발 비슷하다던데, 그냥 두어도 괜찮을지 교정을 해주어야 할지 걱정이다.

  평발^{편평족}이란 어린이가 서 있을 때 발의 종 아치^{발 안쪽으로 둥글게 바닥에서 떠 있는 부분}가 낮아져서 편평하게 되는 것을 말한다.

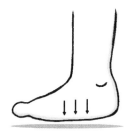

 두 살 된 우리 아이, 왜 평발이죠?
오랜만에 온 가족이 모여 식사를 하는 즐거운 자리에서 애들 고모가 올

192

해 두 살 된 우리 둘째 아들의 걷는 모습을 보고선 평발이 아니냐고 하더군요. 다들 아이의 발 모양을 보곤 "평발이 맞네!", "앞으로 군대도 못 가겠다" 하면서 놀리는데 저는 걱정이 앞섭니다. 우리 부부는 모두 평발이 아닌데 왜 우리 아이만 평발인지, 앞으로 아이가 생활하는 데 불편하진 않을지 궁금한 점이 많습니다.

평발은 2세 전후의 막 걷기 시작하는 대부분의 아이들에게서 발견된답니다. 어린아이의 발을 들여다보며 놀란 부모가 한둘은 아닐 것입니다. 발바닥의 가운데가 아치형을 이루는 어른들의 발과는 달리 어린아이의 발은 발바닥 가운데 부분에 살이 차올라 있어서 평발에 가까운 모양을 띠기 때문입니다. 이런 경우 다행히 별다른 통증이나 불편함은 없으며 대개의 경우 치료를 필요로 하지 않습니다. 성장과 더불어 인대가 당겨지고 지방이 사라지는 2~3세가 지나면 좀 아치가 보이기 시작하여 10세까지는 대부분이 저절로 좋아지니 걱정하지 않아도 됩니다.

 평발에 신발깔창이 도움이 될까요?
초등학교 1학년인 저희 애가 평발입니다. 어릴 때 비해 조금은 나아지긴 했는데요. 체육시간에 뛰는 것이 불편한 모양입니다. 발바닥을 아치 모양으로 만들어주는 신발깔창이 있다고 들었는데 그걸 사용하면 발 모양도 잡히고 뛰거나 걸을 때 좀 도움이 될까요?

증상이 심한 경우 아치 모양의 깔창이 도움이 됩니다. 10세 이전의 평발에 대해 그 정도가 심하지 않으면 특별한 치료가 필요하지 않습니다. 대부분의 평발은 시간이 지나면 저절로 좋아지기 때문이죠. 그러나 10세 이전이라도 보행에 지장이 있거나 증상이 심한 경우에는 신발 안에 아치 모양의 깔창을 깔아주어 보행에 도움을 주고 증상을 감소시켜줄 수 있습니다. 또한 발 안쪽의 아치를 유지시켜주는 근육을 강화하 위해 발끝으로 걷게 하거나 발가락으로 연필을 잡는 동작을 통한 근력 강화 운동치료를 시행하는 것도 좋은 방법입니다.

♥ 유연성 평발과 강직성 평발의 자가 진단법

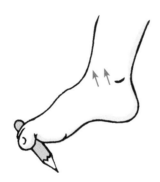

 평발에도 두 종류가 있다는데 무슨 말이죠?
얼마 전 간호사로 근무하는 제 친구가 네 살 된 저희 딸아이의 발모양을 보더니 평발이라며 발을 꺾어 위로 올려보곤하더니 병원에 한번 가보라고 하네요. 제가 알기로는 그 나이 애들은 대부분 평발이라고 알고 있는

데 친구는 평발도 두 종류가 있다며 병원에 가보라는데 무슨 말이죠?

평발은 크게 유연성 평발과 고정성 평발로 나뉩니다. 평발은 그냥 발을 가만히 둔 상태에서는 종 아치가 보이지 않고 편평한 모양이지만, 발끝을 세웠을 때 종 아치가 나타나는 경우가 있습니다. 아이를 발끝으로 세워봐서 종 아치가 보이게 되면 유연성 평발이라 하고, 종 아치가 보이지 않는 경우를 고정성 평발이라 합니다. 고정성 평발은 유연성 평발과 다른 원인이 있을 수 있으므로 소아정형외과 의사와 상의해야 합니다. 드물게 뇌성마비와 같은 신경 근육성 질환에서와 같이 병적인 경우에도 평발이 발생하므로 이에 대한 감별진단을 해보는 것도 좋습니다. 유연성 평발의 경우 발끝으로 서면 아치가 생기는 현상을 관찰할 수 있습니다.

♥ 유연성 평발과 강직성 평발의 자가 진단법

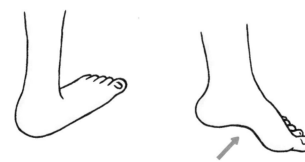

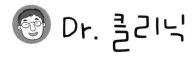 Dr. 클리닉

한눈에 보는 평발의 치료 방법

나이	1~2세	3~10세	10세 이후
치료	경과 관찰	경과 관찰 신발 깔창	발 근육 훈련: 발끝으로 뛰기 수술적 치료

✛ 대부분의 소아는 평발이다.

✛ 유연성 평발은 보행 발달에 지장을 주지 않는다.

✛ 대개는 저절로 좋아지나 10~20퍼센트 정도는 성인이 되어서도 계속 평발인 경우가 있다.

✛ 성인이 되어서도 계속 평발일 경우, 교정신발이나 보조기를 사용할 수도 있지만 이것은 단지 편안함을 위해서 사용하는 것으로 평발이 교정되는 것은 아니다.

✛ 아킬레스건의 구축에 의한 이차적 평발의 경우 수술을 요할 수도 있다.

뼈 튼튼 상담실 - 골절과 성장판 손상

집 안에만 틀어박혀 있는 아이보다는 집 안팎을 이리저리 돌아다니며 천방지축으로 잘 노는 아이가 잘 큰다. 단, 안전하게 잘 놀아야 한다. 자칫 잘못하여 성장판이 손상을 입는다면 심각한 성장장애를 일으키거나 기형으로 발전할 수 있기 때문이다. 좀 더 안전하게 성장판을 보호할 순 없는지, 만약의 경우 골절을 입었을 때 성장판 손상을 줄일 수 있는 방법은 없을까?

성장판이 다치면 자라면서 뼈가 비정상적인 모양이 될 수 있나요?
초등학교 2학년인 저희 아들이 두 달 전 친구들과 함께 인라인스케이트를 타다가 넘어져서 팔을 다쳤습니다. 지난주에 깁스를 풀었는데 주위의 얘기로는 다 나은 것처럼 보여도 안심하면 안 된다더군요. 싱장판이 다쳤는지는 아이가 자라면서 더 관찰해봐야 한다나요? 성장판이 다치면 아이가 자라면서 팔이 비정상적이 될 수 있다는데 사실인가요?

아이들이 골절을 당했을 경우, 어른과는 달리 성장판 손상을 염려해야 합니다. 아이의 모든 뼈 손상 중 성장판 손상이 차지하는 비율은 약 15퍼센트 정도인데 이 중 약 10~30퍼센트가 나중에 성장장애를 앓거나 변형으로 팔이나 다리가 짧아지거나 휘어질 수 있기 때문이죠. 성장판은 뼈보다 약한 연골로 이루어져 있으며 외력에 약하기 때문에 골절 시 다칠 위험이 높습니다. 성장판 안에는 뼈 성장을 담당하는 성장세포 조직이 있는데 이 조직에 심각한 손상이 생기면 점점 나이가 들면서 그 부분의 길이 성장이 원활하지 않은 성장장애가 나타날 수 있습니다. 지속적으로 관찰해야 하고 변형이 의심되면 전문의와 상담을 해야 합니다.

💙 성장판 골절 및 골절 후유증

 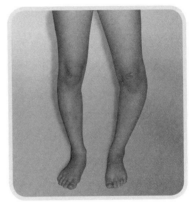

👧 바깥 놀이 시 성장판을 보호하려면 어떻게 해야 하죠?

일곱 살 된 저희 아이가 얼마 전부터 S보드를 탑니다. S보드는 자전거나 인라인스케이트와는 다르게 제동장치가 없어서 다칠 위험이 높다고 들었습니다. 넘어져서 피가 나거나 흉이 지는 것보다 더 걱정이 되는 것은 성장판을 다치는 것입니다. 워낙 바깥 놀이를 좋아하는 아이다 보니 못하게 할 수도 없고 그렇다고 제가 일일이 따라다닐 수도 없는 노릇이네요. 성장판을 보호할 수 있는 좋은 방법이 있을까요?

 준비운동, 보호장구 착용 등이 중요합니다. 아이들은 넘어지면서 무심코 손을 먼저 짚다 보니 손목 주위의 성장판 손상이 가장 흔히 발생합니다. 그 다음으로 무릎 주위나 팔꿈치 주변의 성장판도 비교적 손상이 큰 부분이죠. 따라서 인라인스케이트나 자전거, S보드 등 바깥 놀이 시, 성장판 손상의 예방을 위해서는 굳어져 있는 관절을 사전에 부드럽게 풀어주기 위해 스트레칭과 같은 준비 운동을 충분히 시키고 헬멧이나 관절보호대 같은 보호 장구를 반드시 착용하게 해야 합니다. 처음엔 거추장스럽고 귀찮아 하겠지만 시간이 지나면 익숙해진답니다. 또한 안전한 장소에서 놀도록 해야겠죠. 만약 이 같은 충분한 예방대책에도 불구하고 팔다리의 관절 부위를 다친 경우 성장판 손상의 가능성을 염두에 두어야 하며 빠른 시간 내에 정형외과 전문의로부터 진찰을 받게 하여 치료 시기를 놓치는 일이 없도록 해야 합니다.

골절, 단순히 반 깁스로 될까요?

올해 다섯 살 된 저희 아이가 며칠 전 세발자전거를 타다가 지나가던 자가용과 부딪혀 다리가 부러졌습니다. 다행히 빨리 병원으로 옮겨 치료를 받게 되었는데 담당 의사 선생님은 아이의 상태를 보시더니 다리에 반 깁스를 하면 되고 수술까지는 필요 없을 것 같다고 하시더군요.

그러면서 앞으로 아이의 다리 길이가 좀 차이가 날지 모르니 더 두고 보자고 대수롭지 않게 말씀하십니다. 하나밖에 없는 아들인데 다리 길이가 차이가 날 수 있다니 단순히 반 깁스 정도의 치료만 받아도 될지 걱정이 이만저만이 아닙니다.

골절의 정도가 심하지 않다면 성장 후 다리 길이의 차이는 그리 심하지 않습니다. 어릴 적 팔이나 다리에 생긴 골절은 골절의 양상 및 나이에 따라 다소 차이가 있지만 어느 정도의 다리 길이 차이는 불가피한 측면이 많습니다. 그렇지만 아이의 골절의 정도가 심하지 않고 깁스 치료로 뼈가 잘 아물어준다면 아이가 성장한 후의 다리 길이는 차이가 그리 심하지 않을 것입니다. 불행하게도 성장한 후의 다리 길이를 똑같이 맞춰주는 예방법이 아직까지 없는 실정이지만 보통 2센티미터 이내의 길이 차이는 생활하는 데 큰 문제를 일으키지 않습니다. 만약 2센티미터 이상의 길이 차이가 나더라도 나중에 다리의 잔여 성장을 예측하여 길이를 똑같이 해주는 수술을 할 수 있으니 그리 크게 염려하지 않아도 됩니다.

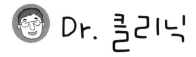 Dr. 클리닉

골절 시 응급처치 방법

어린이 골절 사고는 바깥 활동이 활발한 6~12세 사이에 흔하게 발생하기 때문에 평소에 응급처치를 익혀두는 것이 좋다.

✚ 다친 부위를 펴기 위해 지나치게 잡아당기거나 하지 않는다.

✚ 아프지 않을 정도로 부목을 대고 곧바로 병원으로 옮긴다.

✚ 부기가 가라앉도록 차가운 얼음주머니를 아픈 부위에 대어준다.

✚ 부목은 자, 젓가락, 나무토막, 종이박스 같은 주변에서 흔히 볼 수 있는 일상용품을 이용할 수 있다.

✚ 만약 아이의 팔이 빠졌다면 삼각건 등으로 고정시킨 다음 병원에 간다.

뼈 튼튼 상담실 - 탄산음료와 뼈

"어떨 땐, 콜라나 사이다의 기포가 우리 아이의 뼛속에 들어가 구멍을 숭숭 뚫어놓을 것 같은 생각이 들어요."

탄산음료를 달고 사는 아들 녀석에게 경각심을 일깨우기 위해 '탄산음료가 우리 뼈에 미치는 영향'에 대해 2주일간 아들과 같이 관찰실험을 했다는 엄마를 본 적이 있다. 생선뼈를 탄산음료와 일반 생수에 각각 담근 후, 주기적으로 사진도 찍고 만져도 보며 관찰했다고 한다. 2주일의 관찰 기간 동안 생수에 담근 뼈는 여전히 힘이 있고 형체도 그대로인 것에 비하여 탄산음료에 담근 뼈는 흐느적거리고 손으로 누르면 짓눌러지거나 부서져 버렸다고 한다.

아이들의 건강한 성장을 위하여 엄마는 영양소 가득한 식단을 짜기 위해 총력을 기울이는데 아이들은 그 맘도 몰라주고 뼈에 구멍 숭숭 뚫는 음식을 찾아다닌다. 그중 대표적인 게 탄산음료인데 탄산음료는 우리 뼈에 왜, 그리고 얼마나 해로운 것일까?

 탄산음료가 이를 상하게 하나요?

저희 아이는 탄산음료를 좋아해 즐겨 마시는데요. 탄산음료가 뼈나 이를 상하게 한다는 말을 들었는데 걱정이네요. 사실인가요?

 탄산음료는 칼슘을 소변으로 내보내게 합니다. 향과 혀끝을 톡

쏘는 시원한 맛 때문에 탄산음료를 즐겨 마시는 사람들이 많습니다. 특히 아이들이 좋아하는 햄버거나 피자 등을 먹을 때 빠지지 않고 마시게 되죠. 사실상 탄산음료는 득보다는 실이 훨씬 더 많은 음료입니다. 탄산음료에는 인산이라는 물질이 식품첨가물로 다량 함유되어 있는데, 인산은 칼슘과 결합하여 뼈를 만들기도 하지만 과다하게 섭취할 경우 오히려 뼈에서 칼슘을 빠져나오게 하여 소변으로 배출시켜버립니다. 청소년기는 전체 골 밀도의 40~60퍼센트 정도가 완성될 만큼 중요한 시기인데 이때 탄산음료를 과다하게 섭취하게 되면 키 성장이 잘되지 않을 뿐 아니라 뼈도 약해져서 나중에 어른이 되었을 때 골절 발생 빈도도 다른 사람에 비해 높다는 연구 결과가 있습니다. 즉 구멍 숭숭 뚫린 낡은 건물처럼 불안하고 위태로운 뼈를 갖고 살아야 한다는 것이죠.

 탄산음료 대신 좋은 음료로 무엇이 있을까요?
탄산음료가 뼈에 안 좋다는데, 가족 모두가 탄산음료를 너무 좋아합니다. 그래서인지 아이의 이가 유난히 많이 상했는데요. 아무래도 이대로는 안 될 것 같네요. 대체할 만한 음료를 찾아야겠는데 주스나 이온음료도 건강에 안 좋기는 마찬가지라고 하더군요. 건강에 좋은 음료로는 어떤 게 있을까요?

생과일 주스를 직접 만들어주세요. 시중에서 판매되는 과일 주스나 이온음료 등도 몸에 좋지 않기는 탄산음료와 마찬가지라고 보면 됩니다. 달콤한 향이나 맛을 내기 위한 인공 감미료와 착색료가 들어 있어 건강에 나쁠뿐더러 유기산과 당분은 성장호르몬의 역할을 방해하기도 하죠. 게다가 영양가에 비해 턱없이 높은 칼로리는 우리 아이들을 비만으로 만듭니다. 아이가 음료수를 원한다면 비타민과 무기질, 섬유질이 듬뿍 함유된 엄마가 직접 만든 생과일 주스를 만들어 먹여보세요. 생과일 주스는 맛도 좋을 뿐 아니라 무기질이 풍부하여 뼈를 튼튼하게 하고 잘 자라게 해줍니다.

 Dr. 클리닉

맛도 좋아! 건강에도 좋아! 엄마표 생과일 주스

✚ **토마토 주스** : 신선한 토마토를 골라 껍질을 벗긴 뒤 믹서에 곱게 갈아 꿀로 단맛을 낸다. 몸의 순환을 원활히 해준다.

✚ **파인애플과 복숭아 주스** : 파인애플은 껍질을 벗긴 뒤 부드러운 부위를 적당한 크기로 자른다. 잘 익은 백도나 황도의 껍질을 벗긴 뒤 씨를 제거한 후 파인애플과 함께 믹서에 곱게 간다. 소화를 돕고 장의 기능을 좋게 해준다.

✚ **포도 주스** : 알알이 따서 흐르는 물에 깨끗이 씻은 다음 물 없이 압력솥에 넣어 삶은 후 압력이 모두 빠지면 뚜껑을 연 다음 체에 걸러 포도즙을 받아낸다. 냉장고에 넣고 차게 해서 마신다.

✚당근과 사과 주스 : 당근과 사과를 강판에 간 뒤 1대1 이나 2대1의 비율로 섞어 먹는다. 주스기를 이용해 즙을 내어 마셔도 된다. 변비에 좋다.

✚바나나와 키위 주스 : 바나나는 수분이 적어서 저지방 우유와 섞어 마시면 좋다. 바나나, 키위, 저지방우유를 2대2대1의 비율로 넣고 믹서에 간다.